Pâtes

Ouvrage publié avec l'autorisation de Naumann & Göbel Verlagsgesellschaft mbH

Photographies : TLC Fotostudio
Photo de couverture : StockFood
Réalisation : InTexte, Toulouse
Traduction : Cécile Carrion
Réalisation complète : Naumann & Göbel
Verlagsgesellschaft mbH, Cologne

Imprimé en Chine

ISBN 978-2-89642-325-5

Dépôt légal – Bibliothèque et Archives nationales du Québec, 2011
© Éditions Caractère inc. 2011

Nous reconnaissons l'aide financière du gouvernement du Canada par l'entremise du Fonds
du livre du Canada pour nos activités d'édition.

Visitez le site des Éditions Caractère
editionscaractere.com

Pâtes

SOMMAIRE

INTRODUCTION

Il existe des centaines de pâtes, toutes

différentes : des longues et minces,

des petites et épaisses, des farcies

et cannelées ou creuses à l'intérieur.

Tout est possible. Mais il est

passionnant de regarder au-delà

du plat de spaghettis et de découvrir

d'autres sortes de pâtes. En outre,

ce chapitre révèle toutes sortes de

choses intéressantes sur la préparation

et l'utilisation de ce produit.

LES PÂTES : VARIÉES ET BIEN-AIMÉES

Les pâtes sont tout simplement irrésistibles ! Lorsque Marco Polo rapporta les délicieuses pâtes alimentaires de ses voyages, personne ne soupçonnait encore combien elles révolutionneraient les cuisines. À partir d'une pâte simple – farine, sel, eau, huile – est née une admirable diversité de pâtes.

Mais quelque soit votre choix, les pâtes sont faciles et rapides à préparer. Essayez les différentes recettes proposées ici : originales, rustiques, estivales et bien d'autres encore.

Petite histoire des pâtes

Pasta en italien signifie « pâte » et, depuis le début de l'histoire des pâtes alimentaires jusqu'à nos jours, ses ingrédients sont restés presque identiques. Les ingrédients de base ont toujours été du blé dur et de l'eau. Selon les sortes de pâtes, des œufs sont ajoutés ainsi que des herbes ou des légumes pour leur arôme ou leur couleur.

La pâte est pétrie, aujourd'hui généralement par de grosses machines industrielles, puis roulée, pressée dans des moules ou coupée et enfin séchée.

Lors de la fabrication, la fluidité de la farine décide de la couleur des pâtes, du jaune clair à un brun plus soutenu. La farine de blé entier donne des pâtes plus foncées avec une teneur élevée en protéines, vitamines et minéraux. Mais les pâtes à la farine blanche ne manquent pas non plus d'atouts nutritionnels et ne font pas grossir. Elles sont pauvres en lipides, contiennent environ 15 % de protéines végétales précieuses et leurs fibres favorisent une bonne digestion. Elles renferment également des glucides qui se diffusent lentement dans le corps – lui délivrant une énergie à long terme pour le travail physique et intellectuel. Ce n'est pas par hasard que les sportifs de haut niveau en consomment beaucoup et souvent. Par exemple, 100 grammes de pâtes crues renferment 350 calories, une fois cuites elles ne contiennent plus que 100 à 120 calories. Côté sauces, la vigilance est de rigueur !

La cuisson des pâtes

Si les pâtes sont trop dures ou à l'inverse trop cuites, même les meilleures sauces ne pourront pas les sauver. Accordez donc toute votre attention à leur cuisson et faites-les cuire *al dente* (« à la dent ») comme en Italie dans une grande quantité d'eau salée.

Voici quelques conseils pour être sûr de réussir ses pâtes :

• Pour 100 à 125 grammes de pâtes (quantité suffisante pour une portion) porter au moins 1 litre d'eau à ébullition.

• L'eau non salée cuisant plus rapidement, il est conseillé de ne saler qu'une fois que l'eau bout.

• Utiliser une casserole aussi large que haute pour que les pâtes aient de la place en cuisant et ne collent pas les unes aux autres.

• L'ajout d'huile d'olive ou autre dans l'eau de cuisson n'est pas absolument nécessaire, il s'agit plutôt d'une affaire de goût. Le fait de souvent remuer les pâtes les empêche de coller.

• Pour mettre les pâtes à cuire dans l'eau, il suffit de les faire glisser contre la paroi de la casserole.

• Faire cuire les pâtes dans une eau bouillante sans couvrir la casserole et en remuant de temps en temps. Goûter peu de temps avant la fin de la cuisson : elles doivent être tendres mais offrir toutefois encore une

certaine résistance. Le temps de cuisson variant fortement selon la dimension et l'épaisseur des pâtes, il vaut mieux suivre avec attention les indications fournies sur le paquet. Les pâtes fraîches du commerce ou faites maison cuisent beaucoup plus rapidement que les pâtes sèches et sont prêtes en général en 2 minutes.

• Lorsque les pâtes sont cuites, égoutter dans une passoire et transférer dans une terrine réchauffée au préalable. Mélanger immédiatement à la sauce pour qu'elles ne collent pas.

• Les pâtes ne doivent pas être complètement égouttées. Dans de nombreuses recettes, une partie de l'eau de cuisson est utilisée. En outre, les pâtes encore humides absorbent mieux la sauce.

• Pour faire des pâtes froides, en salade par exemple, il faut absolument éviter de laisser refroidir dans la passoire. Après avoir égoutté, passer sous l'eau froide et mélanger avec un peu de beurre ou d'huile de façon à éviter qu'elles ne collent.

Pâtes maisons

Les pâtes sèches sont pratiques car leur préparation est simple et rapide. Pour les grandes occasions, rien ne remplace les pâtes fraîches aux œufs, des *pasta fatta a casa* (« des pâtes faites maison ») comme on dit en Italie. Cela demande évidemment beaucoup plus de travail que de jeter des pâtes sèches dans une marmite, surtout si on ne possède pas de machine. Pourtant, la fabrication de pâtes est une opération amusante, d'autant qu'elle représente une expérience gustative inégalable !

Voici la recette de base pour quatre personnes :

1 l (4 t.) de farine de blé
4 œufs
2 ml (½ c. à thé) de sel
15 ml (1 c. à s.) d'huile d'olive

Mélanger la farine et le sel, et creuser un puits au centre. Casser les œufs dans le puits. À l'aide d'une fourchette, mélanger en perçant les jaunes d'œufs et en ramenant la farine du bord vers l'intérieur. Ajouter l'huile et pétrir la pâte au moins 10 minutes – tout d'abord dans un robot de cuisine puis avec les mains. La pâte doit être souple et brillante. Ajouter de l'eau si elle est trop ferme ou de la farine si elle colle. Façonner une boule avec la pâte et la laisser reposer 30 minutes dans un linge humide.

Fariner un plan de travail, diviser la pâte en plusieurs boules et les abaisser régulièrement et finement, puis les couper selon la forme souhaitée. Laisser sécher légèrement les pâtes sur un torchon fariné de sorte qu'elles soient plus faciles à manipuler. La pâte ainsi préparée peut être découpée à l'aide d'une roulette crantée dans des formes variées, être utilisée sous forme de lasagnes ou même être

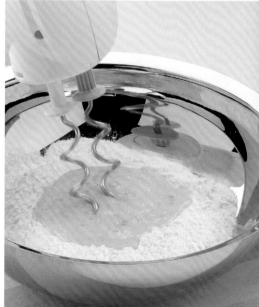

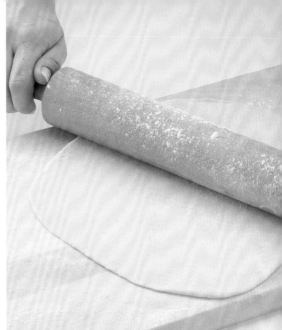

farcie. Pour apporter une touche de fantaisie, il est possible de colorer les pâtes. Mélanger tout simplement les ingrédients suivants à la pâte de base :

Pâtes vertes :
Ajouter 1 poignée de fines herbes lavées et hachées très finement ou 2 l (8 t.) d'épinards cuits, égouttés et hachés menus.

Pâtes jaunes :
Ajouter 5 ml (1 c. à thé) de pistils de safran laissée à infuser dans 15 ml (1 c. à soupe) d'eau tiède.

Pâtes rouge foncé :
Ajouter 30 à 45 ml (2 à 3 c. à soupe) de betterave rouge cuite et passée dans un chinois ou une passoire.

Pâtes rouge clair :
Ajouter 45 ml (3 c. à soupe) de concentré de tomate.

Pâtes orange :
Ajouter quelques cuillerées à soupe de purée de poivron.

Pâtes brun clair
Ajouter 30 g (1 oz) de cèpes séchés et réhydratés dans quelques cuillerées à soupe d'eau chaude, puis hachés très finement.

Pâtes noires :
Ajouter 5 ml (1 c. à thé) d'encre de seiche.

Il faudra ajouter un peu plus de farine que la quantité mentionnée dans la recette de base de sorte que la pâte ne colle pas.

Sortes de pâtes

Comme ce livre le prouve, la variété des pâtes est infinie et déconcertante. Il en va de même dans le commerce – l'offre est extrêmement variée. Les préférences pour certaines formes de pâtes diffèrent de région en région, l'important est de choisir la combinaison idéale entre les pâtes et la sauce.

La règle de base est que plus la sauce est épaisse, plus les pâtes doivent être larges. Ce principe convient également aux pâtes en forme de spirale ou ondulées car elles recueillent plus de sauce. Les sauces légères, quant à elles, se marient plutôt aux pâtes fines et longues.

Toutefois, rien n'oblige de suivre cette règle à la lettre. Il existe des pâtes au visuel attrayant que l'on choisira volontiers pour accommoder sa sauce favorite. Expérimenter avec des formes et des couleurs est un vrai plaisir lors de la préparation et surtout de la dégustation.

Les pâtes les plus connues et les plus appréciées sont ici illustrées :

1. Fussilis
2. Lasagnes
3. Linguine
4. Macaronis
5. Orecchiette
6. Pappardelle
7. Pennes
8. Penne rigate
9. Raviolis
10. Rigatonis
11. Spaghettis
12. Spaghettinis
13. Tagliatelles
14. Tortellinis
15. Tortellonis
16. Vermicellis

Le nom et sa signification

Le nom des pâtes donne souvent des indices sur leur nature. Considérons les terminaisons des noms :

• -ine ou –ini signifie « petit » et renvoie à des pâtes petites ou fines, comme les spaghettini, les tortellinis ou les linguine.

• -oni signifie « grand » et désigne de grandes ou grosses pâtes, comme les tortellonis, les rigatonis ou les macaronis.

• -elle indique des pâtes larges, comme les tagliatelles.

• -ette indique en revanche des pâtes étroites.

• -rigate indique des pâtes cannelées, comme les penne rigate.

PÂTES CLASSIQUES

Certaines sauces accompagnant
les pâtes ont conquis toute la planète
et les spaghettis à la carbonara, les
spaghettis bolognaise ou les tortellini
quattro formaggi sont connus à juste
titre dans le monde entier. Dans
ce chapitre, vous trouverez les grands
classiques des préparations de pâtes
– les recettes préférées de toute
la famille !

SPAGHETTIS À LA CARBONARA

POUR 4 PERSONNES

50 g (⅛ lb) de bacon
100 g (¼ lb) de jambon
1 gousse d'ail
30 ml (2 c. à s.) de beurre
500 g (1 lb) de spaghettis
sel
40 g (1½ oz) de parmesan
40 g (1½ oz) de pecorino
3 œufs
125 ml (½ t.) de crème
à 35 %
poivre

**Préparation : 30 minutes
+ temps de cuisson**

1 Couper le bacon et le jambon en dés. Peler l'ail et hacher finement. Dans une poêle, faire fondre le beurre, ajouter les dés de bacon et faire revenir. Ajouter l'ail et cuire 3 minutes à feu doux.

2 Cuire les spaghettis dans de l'eau bouillante salée jusqu'à ce qu'ils soient *al dente*, égoutter et ajouter au bacon dans la poêle.

3 Râper le parmesan et le pecorino. Battre les œufs avec la crème à 35 % et la moitié des deux fromages, saler et poivrer. Incorporer le jambon blanc. Ajouter le mélange obtenu aux spaghettis et mélanger jusqu'à ce que les œufs commencent à prendre.

4 Incorporer le fromage restant et servir aussitôt.

SPAGHETTIS BOLOGNAISE

1 Peler l'oignon et l'ail, et hacher. Couper le bacon en dés. Peler la carotte, parer le céleri et les couper en dés. Dans une poêle, chauffer l'huile, ajouter le bacon et faire revenir. Ajouter les légumes et la viande hachée, et faire revenir sans cesser de remuer.

2 Mouiller avec le vin rouge et laisser mijoter jusqu'à ce que le mélange épaississe. Saler et poivrer. Incorporer le lait et laisser réduire jusqu'à ce que la sauce soit onctueuse. Ajouter l'origan, les tomates et le sucre, et cuire 30 minutes à feu doux.

3 Cuire les spaghettis dans de l'eau bouillante salée jusqu'à ce qu'ils soient *al dente*, égoutter et répartir dans les assiettes. Napper de sauce, saupoudrer de parmesan et garnir de thym. Servir immédiatement.

POUR 4 PERSONNES

1 oignon

1 gousse d'ail

75 g (3 oz) de bacon

1 carotte

1½ tige de céleri en branche

30 ml (2 c. à s.) d'huile d'olive

400 g (1 lb) de viande hachée (bœuf et porc)

125 ml (½ t.) de vin rouge

sel

poivre

125 ml (½ t.) de lait

5 ml (1 c. à thé) d'origan frais haché

1 boîte de 798 ml (28 oz) de tomates en conserve

15 ml (1 c. à s.) de sucre

500 g (1 lb) de spaghettis

50 g (2 oz) de parmesan, râpé

thym, en garniture

Préparation : 30 minutes + temps de cuisson

BUCATINI AUX GIROLLES ET AU BACON

POUR 4 PERSONNES

2 oignons

100 g (¼ lb) de bacon

500 g (1 lb) de girolles fraîches

500 g (1 lb) de bucatini

sel

30 ml (2 c. à s.) d'huile

30 ml (2 c. à s.) de beurre

150 ml (⅔ t.) de crème à 35 %

poivre

1 botte de ciboulette

30 ml (2 c. à s.) de feuilles de marjolaine

Préparation : 30 minutes

1 Peler les oignons et couper en dés. Détailler le bacon en fines lanières. Frotter les girolles de façon à retirer les impuretés et couper les plus grosses en deux. Faire cuire les bucatini dans de l'eau bouillante salée jusqu'à ce qu'ils soient *al dente* et égoutter.

2 Dans une poêle, chauffer l'huile, ajouter le bacon et faire revenir jusqu'à ce qu'il soit doré. Retirer de la poêle à l'aide d'une écumoire. Faire fondre le beurre dans l'huile de cuisson, ajouter les oignons et les girolles, et cuire sans cesser de remuer jusqu'à ce que l'eau des girolles soit évaporée.

3 Ajouter la crème à 35 % et le bacon dans la poêle et réchauffer. Saler et poivrer. Laver la ciboulette, sécher et ciseler. Hacher les feuilles de marjolaine. Ajouter la ciboulette et 15 ml (1 c. à soupe) de marjolaine dans la poêle, incorporer les pâtes et mélanger le tout. Transférer dans un plat de service et parsemer de feuilles de marjolaine.

TAGLIATELLE FUNGHI

1 Nettoyer les champignons et émincer. Peler l'ail et l'oignon, et hacher. Cuire les tagliatelles dans 3 litres (12 t.) d'eau salée jusqu'à ce qu'elles soient *al dente* et égoutter.

2 Dans une grande poêle, faire fondre le beurre, ajouter l'oignon et faire revenir jusqu'à ce qu'il soit translucide. Ajouter l'ail et les champignons, et cuire à feu doux 5 minutes. Incorporer le paprika.

3 Mouiller avec le bouillon et cuire à feu vif jusqu'à ce qu'il ait réduit de moitié. Incorporer la crème, saler et poivrer. Arroser de jus de citron.

4 Nettoyer le persil, laver, et ciseler. Ajouter la moitié du persil dans la poêle et remuer. Répartir les pâtes dans des assiettes, napper de sauce et parsemer de persil.

POUR 4 PERSONNES

1 litre (4 t.) de champignons entiers

2 gousses d'ail

1 oignon

sel

500 g (1 lb) de tagliatelles

30 ml (2 c. à s.) de beurre

10 ml (2 c. à thé) de paprika fort

250 ml (1 t.) de bouillon de légumes

125 ml (½ t.) de crème à 35 %

poivre

30 ml (2 c. à s.) de jus de citron

1 bouquet de persil

Préparation : 30 minutes

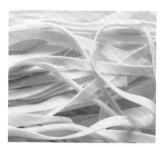

SPAGHETTIS À L'AIL ET À L'HUILE

POUR 4 PERSONNES

500 g (1 lb) de spaghettis
sel
5 gousses d'ail
1 bouquet de persil
½ poivron frais
60 ml (¼ t.) d'huile d'olive
poivre
1 piment séché

Préparation : 20 minutes

1 Cuire les spaghettis dans de l'eau bouillante salée jusqu'à ce qu'ils soient *al dente* et égoutter.

2 Peler l'ail et émincer. Laver le persil, sécher et hacher finement en réservant 15 ml (1 c. à soupe). Laver le poivron, épépiner et couper en petits dés ou en fines lanières.

3 Dans une poêle, chauffer l'huile à feu doux, ajouter le poivron et faire revenir 2 minutes. Ajouter l'ail et cuire encore 1 minute sans laisser brunir. Émietter le piment séché et ajouter dans la poêle.

4 Incorporer les pâtes au mélange, ajouter le persil et bien mélanger le tout. Saler, poivrer et parsemer de la cuillerée à soupe de persil réservé.

PAPPARDELLE AU PARMESAN ET AU BEURRE BRUN

1 Chauffer les assiettes. Cuire les pappardelle dans de l'eau bouillante salée jusqu'à ce qu'elles soient *al dente*.

2 Râper le parmesan. Dans une poêle, faire fondre le beurre jusqu'à ce qu'il soit doré.

3 Égoutter les pâtes et incorporer au beurre chaud. Répartir aussitôt dans les assiettes chaudes et saupoudrer de parmesan.

POUR 4 PERSONNES

500 g (1 lb) de pappardelle
sel
250 ml (1 t.) de parmesan
150 ml (⅔ t.) de beurre

Préparation : 20 minutes

INFO

Le parmesan, parmigiano reggiano (D.O.C.), est un fromage italien à pâte pressée et cuite, à base de lait de vache cru. Sa région d'origine est l'Emilia Romagna. Le mois et l'année de la fabrication sont estampillés sur le talon de la meule. Son goût est très fruité et piquant.

27

SPAGHETTIS ET LEUR SAUCE AU FROMAGE

POUR 4 PERSONNES

500 g (1 lb) de spaghettis
sel
1 oignon
15 ml (1 c. à s.) de beurre
ou de margarine
15 ml (1 c. à s.) de farine
375 ml (1½ t.) de lait
75 ml (⅓ t.) de gruyère
75 ml (⅓ t.) de gouda
75 ml (⅓ t.) de parmesan
poivre du moulin
noix muscade, râpée
75 ml (⅓ t.) de pignons
15 ml (1 c. à s.) de feuilles
de thym frais

Préparation : 30 minutes

1 Cuire les spaghettis dans de l'eau bouillante salée jusqu'à ce qu'ils soient *al dente* et égoutter.

2 Peler l'oignon et couper en dés. Dans une casserole, faire fondre le beurre ou la margarine, ajouter l'oignon et faire revenir jusqu'à ce qu'il soit translucide. Saupoudrer de farine et cuire de façon à faire suer l'oignon. Verser le lait, mélanger et cuire encore 5 minutes à feu doux en remuant souvent.

3 Râper finement le gruyère, le gouda et 60 ml (¼ t.) de parmesan, ajouter à la sauce et faire fondre en remuant. Saler, poivrer et incorporer la noix muscade.

4 Faire griller légèrement les pignons à sec dans une poêle. Incorporer les spaghettis à la sauce et répartir le tout dans des assiettes. Parsemer de pignons, du parmesan restant et des feuilles de thym.

CONSEIL

Vous pouvez choisir d'autres sortes de fromages. Ce plat est tout à fait adapté à l'utilisation de restes de fromages.

BUCATINI ET LEUR SAUCE AU GORGONZOLA

1 Retirer la croûte du gorgonzola, couper en dés et faire fondre dans une casserole à feu doux.

2 Ajouter la crème, saler et poivrer. Ajouter un peu de sucre et cuire 3 à 5 minutes sans cesser de remuer.

3 Couper les tranches de jambon en deux, ajouter à la sauce et réchauffer. Cuire les spaghettis dans de l'eau bouillante salée jusqu'à ce qu'ils soient *al dente* et égoutter.

4 Laver le persil, sécher et hacher. Répartir les pâtes et la sauce dans des assiettes, parsemer de persil et servir.

POUR 4 PERSONNES

300 ml (1¼ t.) de gorgonzola

250 ml (1 t.) de crème à 35 %

sel

poivre

sucre

150 g (⅓ lb) de tranches de jambon de Parme

500 g (1 lb) de bucatini

1 bouquet de persil

Préparation : 25 minutes

CONSEIL

Vous pouvez préparer du pesto en grande quantité et le conserver plusieurs semaines dans un bac à glaçons.

SPAGHETTIS AU PESTO DE CRESSON DE FONTAINE

POUR 4 PERSONNES

1 botte de cresson
de fontaine
75 ml (⅓ t.) de pignons
75 ml (⅓ t.) de parmesan
poivre
125 ml (½ t.) d'huile d'olive
500 g (1 lb) de spaghettis
sel

Préparation : 35 minutes

1 Laver le cresson, sécher et effeuiller. Hacher finement les feuilles et les pignons. Râper le parmesan.

2 Mélanger le cresson et les pignons, saler et incorporer 60 ml (¼ t.) de parmesan. Incorporer progressivement l'huile au mélange jusqu'à ce qu'il épaississe.

3 Cuire les spaghettis dans de l'eau bouillante salée jusqu'à ce qu'ils soient *al dente* et égoutter.

4 Répartir les pâtes dans les assiettes, napper d'une cuillerée à soupe de pesto et saupoudrer de parmesan. Servir immédiatement.

TAGLIATELLES AU PESTO AMANDES ET PERSIL

1 Laver le persil et le basilic, sécher, effeuiller et hacher. Mettre les herbes, l'ail et les amandes dans un robot de cuisine, ajouter le pecorino, l'huile et le piment, et mélanger brièvement. Verser le bouillon et rectifier l'assaisonnement.

2 Cuire les tagliatelles dans de l'eau bouillante salée jusqu'à ce qu'elles soient *al dente* et égoutter en réservant 125 ml (½ t.) de l'eau de cuisson. Incorporer le pesto aux pâtes et fluidifier éventuellement avec un peu d'eau de cuisson.

POUR 4 PERSONNES

1 bouquet de persil

1 bouquet de basilic

2 gousses d'ail, pelées

75 ml (⅓ t.) d'amandes, hachées

30 ml (2 c. à s.) de pecorino râpé

30 ml (2 c. à s.) d'huile

½ piment séché, émietté

125 ml (½ t.) de bouillon

sel

500 g (1 lb) de tagliatelles

Préparation : 30 minutes

CONSEIL

Pour varier, remplacer les amandes et l'huile par des graines et de l'huile de courge.

31

SPAGHETTIS AU PESTO DE TOMATES SÉCHÉES

POUR 4 PERSONNES

75 ml (⅓ t.) de tomates séchées

sel

75 ml (⅓ t.) d'amandes

125 ml (½ t.) de pignons

175 ml (¾ t.) de parmesan, râpé

½ bouquet de persil

1 bouquet de basilic

poivre

sucre

15 à 30 ml (1 à 2 c. à s.) de vinaigre balsamique

500 g (1 lb) de spaghettis

Préparation : 25 minutes

1 Dans une casserole, cuire les tomates 5 minutes dans de l'eau salée, retirer de la casserole et égoutter. Réserver 150 ml (⅔ t.) d'eau de cuisson. Faire griller les amandes et les pignons à sec. Mettre les tomates et le parmesan dans un robot de cuisine et mélanger en versant progressivement l'eau de cuisson réservée.

2 Laver le persil et le basilic, sécher, hacher finement et incorporer au pesto. Saler, poivrer et incorporer un peu de sucre et le vinaigre.

3 Cuire les spaghettis dans de l'eau bouillante salée jusqu'à ce qu'ils soient *al dente*, rincer à l'eau froide et égoutter. Incorporer le pesto, répartir dans des assiettes et servir.

CONSEIL

Si vous ne trouvez pas d'herbes fraîches, vous pouvez utiliser des herbes surgelées !

SPAGHETTIS AU PESTO

1 Faire griller les pignons à sec dans une poêle. Effeuiller le basilic, laver et sécher. Peler l'ail. Hacher le tout grossièrement.

2 Mettre le basilic, l'ail, les pignons et du sel dans un robot de cuisine et mélanger jusqu'à obtention d'une pâte. Incorporer le parmesan et l'huile d'olive sans cesser de mélanger et poivrer.

3 Cuire les spaghettis dans de l'eau salée jusqu'à ce qu'ils soient *al dente*, égoutter et incorporer le pesto. Servir immédiatement.

POUR 4 PERSONNES

15 ml (1 c. à s.) de pignons
1 ½ bouquet de basilic
1 gousse d'ail
sel
45 ml (3 c. à s.) de parmesan râpé
60 ml (¼ t.) d'huile d'olive
poivre
500 g (1 lb) de spaghettis

Préparation : 30 minutes

TAGLIATELLES ET LEUR SAUCE AU CITRON

POUR 4 PERSONNES

1 citron
4 à 6 feuilles de sauge
90 ml (6 c. à s.) d'huile
d'olive
30 ml (2 c. à s.) de farine
250 ml (1 t.) de lait
250 ml (1 t.) de bouillon
de légumes
500 g (1 lb) de tagliatelles
sel
125 ml (½ t.) de crème
à 35 %
2 jaunes d'œufs
poivre
rondelles de citron, zeste
et feuilles de sauge,
en garniture

Préparation : 25 minutes

1 Passer le citron sous l'eau chaude. Recueillir le zeste du citron à l'aide d'un zesteur ou peler le citron et en détailler de fines lanières. Presser le jus du citron.

2 Laver les feuilles de sauge, sécher et couper en fines lanières. Dans une poêle, chauffer l'huile, ajouter la sauge et faire frire 2 à 3 minutes. Retirer de la poêle à l'aide d'une écumoire. Ajouter la farine dans l'huile chaude, incorporer 60 ml (4 c. à soupe) de jus de citron, la moitié du zeste, le lait et le bouillon, et cuire 10 minutes à feu doux sans cesser de remuer.

3 Cuire les tagliatelles dans de l'eau bouillante salée jusqu'à ce qu'elles soient *al dente*. Mélanger les jaunes d'œufs et la crème, verser dans la sauce chaude et retirer du feu. Poivrer et saler la sauce

4 Égoutter les pâtes, répartir dans des assiettes et napper de sauce. Garnir de rondelles de citron, de zeste et de feuilles de sauge.

SPAGHETTINIS AUX ÉPINARDS

1 Nettoyer les épinards, laver et sécher. Nettoyer les piments, épépiner et hacher. Peler les gousses d'ail et hacher finement.

2 Cuire les spaghettinis dans de l'eau salée jusqu'à ce qu'ils soient *al dente.*

3 Dans une poêle, chauffer l'huile, ajouter les piments et faire revenir. Ajouter l'ail et faire revenir jusqu'à ce qu'il soit translucide. Ajouter les graines de sésame et cuire encore 2 minutes sans cesser de remuer. Ajouter les épinards et cuire jusqu'à ce qu'ils soient flétris.

4 Rincer les pâtes à l'eau froide et égoutter.

5 Incorporer les pâtes à la sauce, saler et poivrer. Répartir le tout dans des assiettes et servir immédiatement.

POUR 4 PERSONNES

250 ml (1 t.) d'épinards frais
3 piments forts rouges
4 gousses d'ail
500 g (1 lb) de spaghettinis
sel
125 ml (½ t.) d'huile d'olive
75 ml (⅓ t.) de graines de sésame
poivre

Préparation : 25 minutes

RAVIOLIS

POUR 4 PERSONNES

1 litre (4 t.) de farine

5 œufs

sel

30 ml (2 c. à s.) de beurre

1 litre (4 t.) de
champignons, coupés en dés

1 gousse d'ail,
finement hachée

1 bouquet de persil plat,
fraîchement haché

½ bouquet de thym,
fraîchement haché

125 ml (½ t.) d'oignons,
coupés en dés

125 ml (½ t.) de vin blanc

poivre

125 ml (½ t.) de ricotta

75 ml (⅓ t.) de parmesan,
finement râpé

60 ml (¼ t.) d'huile d'olive

2 tomates fraîches, pelées
et concassées

30 ml (2 c. à s.) de
ciboulette hachée

**Préparation : 35 minutes
+ temps de repos
+ temps de cuisson**

1 Tamiser la farine sur
un plan de travail, creuser
un puits au centre et ajouter
4 œufs et 5 ml (1 c. à thé)
de sel. Pétrir avec 15 à 30 ml
(1 à 2 c. à soupe) d'eau jusqu'à
obtention d'une consistance
homogène en ajoutant
éventuellement de la farine.
Mettre dans un robot de
cuisine et mélanger 5 minutes,
jusqu'à obtention d'une pâte
ferme et souple. Envelopper
de pellicule plastique et mettre
30 minutes au réfrigérateur.

2 Dans une poêle, chauffer
15 ml (1 c. à soupe) de
beurre, ajouter la moitié des
champignons et faire revenir
3 minutes. Ajouter la moitié de
l'ail et des oignons, et faire suer
2 à 3 minutes. Déglacer avec
50 ml (¼ t.) de vin. Ajouter
la moitié des herbes et cuire
encore 3 minutes. Saler, poivrer
et réserver hors du feu. Répéter
le procédé avec les ingrédients
restants et laisser refroidir le
tout. Séparer le jaune du blanc
de l'œuf restant. Mélanger la
totalité de la préparation à base
de champignons, la ricotta,
60 ml (¼ t.) de parmesan et
le jaune d'œuf.

3 Mettre la pâte sur un plan
fariné, diviser en deux et
abaisser les portions de sorte
qu'elles aient 2 à 3 mm (⅛ po)
d'épaisseur. Couper 4 bandes
de 10 cm (4 po) de largeur.
Placer des petits tas de
garniture sur deux des bandes
en les alignant et en laissant
1 cm (⅜ po) de marge et 3 à
4 cm (1½ 1⅝ po) à entre
chaque tas. Battre le blanc
d'œuf avec 30 ml (2 c. à
soupe) d'eau et enduire les
marges du mélange obtenu.
Couvrir avec les deux autres
bandes de pâte. Souder les
bords en les pressant du doigt
et découper les raviolis.

4 Cuire les raviolis 6 à
8 minutes dans de l'eau
bouillante salée, jusqu'à ce
qu'ils soient *al dente*, rincer
à l'eau froide et égoutter.
Dans une poêle, chauffer
l'huile, ajouter les raviolis
et faire revenir rapidement.
Ajouter les tomates et cuire
encore1 minute. Saler et
poivrer. Parsemer de copeaux
de parmesan, garnir de
ciboulette et servir.

SPAGHETTIS AUX TOMATES

POUR 4 PERSONNES

500 g (1 lb) de spaghettis

sel

1 à 1,5 kg (2 à 3 lb) sde
grosses tomates bien mûres

2 échalotes

1 petit morceau de piment
fort

poivre

90 ml (6 c. à s.) d'huile
d'olive

12 feuilles de basilic frais

375 ml (1½ t.) de mozzarella

Préparation : 30 minutes

1 Cuire les spaghettis dans de l'eau bouillante salée jusqu'à ce qu'ils soient *al dente*. Inciser les tomates en croix, blanchir à l'eau bouillante et monder. Épépiner et couper en dés.

2 Peler les échalotes et couper en dés. Détailler le piment en fines lanières. Mélanger les tomates, les échalotes, le piment et l'huile d'olive, saler et poivrer. Laver les feuilles de basilic, sécher et couper en lanières. Ajouter au mélange précédent.

3 Couper la mozzarella en cubes de 2 cm (¾ po). Rincer les spaghettis à l'eau froide et égoutter. Transférer dans une casserole, incorporer la mozzarella et le mélange à base de tomates, et cuire à feu doux 2 à 3 minutes sans cesser de remuer, jusqu'à ce que la mozzarella commence à fondre.

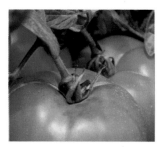  

SPAGHETTIS AUX POIVRONS, AUX TOMATES ET AU GORGONZOLA

1 Inciser les tomates en croix, blanchir à l'eau bouillante et monder. Épépiner et couper en dés. Couper les poivrons en lanières.

2 Dans une poêle, chauffer l'huile d'olive, ajouter l'ail et faire revenir rapidement. Ajouter les poivrons, cuire 5 minutes sans cesser de remuer et saler. Cuire les spaghettis dans de l'eau bouillante salée jusqu'à ce qu'ils soient *al dente* et égoutter.

3 Ajouter les morceaux de tomates dans la poêle et incorporer la poudre de piment et l'origan. Cuire 8 à 10 minutes en remuant de temps en temps, jusqu'à ce que la préparation ait épaissi, et saler. Nettoyer l'oignon vert et couper en rondelles.

4 Transférer les spaghettis dans un plat de service chaud, ajouter le gorgonzola et la sauce, et bien remuer. Garnir d'oignon vert et saupoudrer de parmesan.

POUR 4 PERSONNES

500 g (1 lb) de spaghettis
sel

500 g (3 moyennes) de tomates fraîches ou en boîte

3 poivrons jaunes

30 ml (2 c. à s.) d'huile d'olive

4 gousses d'ail, finement hachées

1 pincée d'origan séché

1 pincée de poudre de piment

1 oignon vert

375 ml (1½ t.) de gorgonzola, coupé en cubes

175 ml (¾ t.) de parmesan, fraîchement râpé

Préparation : 30 minutes

BUCATINI AUX ARTICHAUTS

POUR 4 PERSONNES

12 petits artichauts

30 ml (2 c. à s.) de jus
de citron

sel

3 oignons

1 gousse d'ail

2 carottes

2 branches de céleri

30 ml (2 c. à s.) d'huile
d'olive

4 tomates fraîches, pelées
et coupées en dés

125 ml (½ t.) de bouillon
de légumes

poivre

500 g (1 lb) de bucatini

thym, en garniture

**Préparation : 30 minutes
+ temps de cuisson**

1 Retirer les tiges et les petites feuilles dures des artichauts, couper les pointes des feuilles extérieures à l'aide d'un ciseau et retirer le foin. Plonger les artichauts dans de l'eau froide additionnée de 15 ml (1 c. à soupe) de jus de citron. Mettre les artichauts dans une cocotte remplie d'eau, ajouter le jus de citron restant et saler. Couvrir et cuire 15 minutes. Couper chaque artichaut en quatre.

2 Peler les oignons, l'ail et les carottes, et couper en dés. Nettoyer le céleri, sécher puis couper en petits dés.

3 Dans une poêle, chauffer l'huile, ajouter les oignons, l'ail, les carottes et le céleri, et cuire 3 à 5 minutes en remuant. Ajouter les tomates, mouiller avec le bouillon, saler et poivrer. Laisser mijoter encore 10 minutes.

4 Cuire les bucatini dans de l'eau bouillante salée jusqu'à ce qu'ils soient *al dente*, rincer à l'eau froide et égoutter. Répartir les pâtes et les artichauts dans des assiettes, napper de sauce et garnir de thym. Servir immédiatement.

PENNES CORSÉES

1 Cuire les pennes dans de l'eau bouillante salée jusqu'à ce qu'elles soient *al dente* en ajoutant les petits pois 2 minutes avant la fin de la cuisson. Laver le persil, sécher et hacher finement.

2 Mélanger le concentré de tomate, le ketchup, l'ail, les câpres et l'huile d'olive, saler et ajouter 1 pincée de sucre. Épépiner le piment, hacher finement et incorporer au mélange précédent.

3 Égoutter les pâtes et les petits pois, incorporer à la sauce et ajouter les olives et le persil. Couper le parmesan en copeaux, garnir le tout et servir.

POUR 4 PERSONNES

500 g (1 lb) de pennes

sel

450 ml (1¾ t.) de petits pois surgelés, décongelés

1 bouquet de persil

30 ml (2 c. à s.) de concentré de tomate

15 ml (1 c. à s.) de ketchup

1 gousse d'ail, hachée

5 à 10 ml (1 à 2 c. à thé) de câpres hachées

30 ml (2 c. à s.) d'huile d'olive

sucre

1 piment fort rouge

75 ml (⅓ t.) d'olives noires

75 ml (⅓ t.) de parmesan

Préparation : 20 minutes

CONSEIL

Si vous aimez les plats épicés, vous pouvez utiliser deux piments.

TORTELLINIS À LA VIANDE

POUR 4 PERSONNES

750 ml (3 t.) de farine

sel

5 œufs

50 g (2 oz) de blanc de dinde ou de poulet

100 g (¼ lb) de filet de porc

15 ml (1 c. à s.) de beurre

100 g (¼ lb) de jambon de Parme

100 g (¼ lb) de mortadelle

475 ml (1¾ t.) de parmesan

poivre

noix muscade

2 litres (8 t.) de bouillon de bœuf (⅓ lb)

Préparation : 30 minutes + temps de repos + temps de cuisson

1 Mélanger la farine, 1 pincée de sel et 3 œufs, couvrir d'un linge humide et laisser reposer 30 minutes.

2 Couper le poulet, le jambon et le filet de porc en dés. Dans une poêle, chauffer le beurre, ajouter le blanc de poulet et le filet de porc, et cuire 10 minutes, jusqu'à ce qu'ils soient dorés. Laisser refroidir, transférer dans un robot de cuisine et ajouter le jambon et la mortadelle. Mélanger et incorporer 2 œufs, 375 ml (1½ t.) de parmesan, du sel, du poivre et de la noix muscade. Laisser reposer quelques heures au frigo.

3 Abaisser la pâte le plus finement possible à l'aide d'un rouleau à pâtisserie. Découper des ronds de 4 cm (⅝ po) de diamètre à l'aide d'un verre ou d'une roulette. Garnir chaque rond d'une noix de farce, plier la pâte en demi-lune ou en triangle, et presser les bords. Entourer autour de l'index et presser les bouts l'un contre l'autre de façon à obtenir un anneau.

4 Dans une grande cocotte, porter le bouillon à ébullition, ajouter les tortellinis et cuire 5 minutes, jusqu'à ce qu'ils soient *al dente*. Transférer les tortellinis et le bouillon dans un plat de service. Couper le parmesan restant en copeaux et garnir les pâtes.

TORTELLINIS AUX QUATRE FROMAGES

POUR 4 PERSONNES

350 g (¾ lb) de tortellinis
sel
1 oignon
4 feuilles de sauge
75 ml (⅓ t.) de mozzarella,
de gorgonzola, de brie
et de gouda
30 ml (2 c. à s.) de beurre
125 ml (½ t.) de crème
à 35 %
poivre
250 ml (1 t.) de tomates
cerises

Préparation : 30 minutes

1 Cuire les tortellinis dans de l'eau bouillante salée jusqu'à ce qu'ils soient *al dente* et égoutter. Peler l'oignon et hacher finement. Laver la sauge, sécher et couper en lanières. Couper les fromages en cubes.

2 Dans une cocotte, faire fondre 15 ml (1 c. à soupe) de beurre, ajouter l'oignon et cuire jusqu'à ce qu'il soit translucide. Verser la crème, ajouter le fromage et faire fondre à feu doux sans cesser de remuer. Saler et poivrer.

3 Laver les tomates, sécher et couper en deux. Dans une poêle, faire fondre le beurre restant, ajouter les tomates et la sauce, saler et poivrer.

4 Répartir les pâtes dans des assiettes chaudes, napper de sauce et de tomates cerises, et servir.

PÂTES
AU POISSON

Méditerranée, Adriatique ou mer
Ionienne, l'Italie est entourée d'eau.
Il n'est donc pas étonnant que
la cuisine italienne se soit tournée
vers les poissons et fruits de mer et
que ceux-ci accompagnent les pâtes
en de multiples variations. Que ce soit
avec des crevettes, de l'espadon
ou des anchois, la préparation
de ces plats délicieux est synonyme
de créativité.

PENNES AUX ÉCREVISSES

POUR 4 PERSONNES

24 écrevisses surgelées

150 ml (⅔ t.) d'échalotes

30 ml (2 c. à s.) de beurre

15 ml (1 c. à s.) de poudre de curry

15 ml (1 c. à s.) de miel

150 ml (⅔ t.) de vin blanc

1 grosse boîte de 796 ml (28 oz) de tomates

500 ml (2 t.) de crème à 35 %

sel

piment de Cayenne

25 ml (2 c. à s.) de raisins secs

125 ml (½ t.) de pignons

15 ml (1 c. à s.) d'huile d'olive

500 g (1 lb) de pennes

1 petit bouquet de basilic, en garniture

Préparation : 40 minutes + temps de cuisson

1 Faire décongeler les écrevisses et détacher les queues du corps par une légère rotation. Décortiquer les queues, inciser la chair le long du dos et retirer l'intestin. Réserver au réfrigérateur.

2 Peler les échalotes et couper en dés. Dans une poêle, chauffer le beurre, ajouter les échalotes, la chair d'écrevisse et les carapaces, et faire revenir jusqu'à ce que les échalotes soient dorées. Incorporer le curry, le miel, les tomates et leur jus, mouiller avec 125 ml (½ t.) de vin blanc et cuire 5 minutes, jusqu'à ce que la préparation ait épaissi. Verser la crème, ajouter du piment de Cayenne et cuire 10 minutes à feu moyen.

3 Cuire les raisins dans le vin restant jusqu'à ce que tout le liquide soit évaporé. Faire griller les pignons dans l'huile d'olive. Cuire les pennes dans de l'eau bouillante salée jusqu'à ce qu'elles soient *al dente* et égoutter.

4 Passer la sauce au chinois en pressant les résidus. Mélanger la sauce, les raisins, les écrevisses et les pennes, et réchauffer. Garnir de basilic et parsemer de pignons.

CONCHIGLIE AUX CREVETTES
ET LEUR SAUCE À L'ORANGE

1 Rincer les crevettes et sécher. Dans une poêle, chauffer le crabe, ajouter les crevettes et cuire 1 minute de chaque côté. Retirer de la poêle à l'aide d'une écumoire.

2 Peler l'oignon, couper en dés et ajouter dans la poêle. Saupoudrer de farine et faire revenir. Verser la crème, mouiller avec le vin et faire mijoter 10 minutes à feu moyen. Cuire les conchiglie dans de l'eau bouillante salée jusqu'à ce qu'elles soient *al dente.*

3 Ajouter les crevettes à la sauce et cuire 2 minutes. Laver l'aneth, sécher et en réserver une partie pour la garniture. Hacher l'aneth restant et ajouter à la sauce. Incorporer le zeste et le jus d'orange à la sauce, saler et poivrer.

4 Égoutter les pâtes, répartir dans des assiettes et napper de sauce. Garnir de l'aneth restant et servir.

POUR 4 PERSONNES

400 g (1 lb) de grosses crevettes cuites

40 g de chair de crabe

1 oignon

15 ml (1 c. à s.) de farine

250 ml (1 t.) de crème à 35 %

250 ml (1 t.) de vin blanc

500 g (1 lb) de conchiglie

sel

poivre

1 bouquet d'aneth

15 ml (1 c. à s.) de zeste d'orange non traitée

125 ml (½ t.) de jus d'orange

Préparation : 30 minutes

55

PENNES AUX CREVETTES

POUR 4 PERSONNES

16 crevettes fraîches

10 grains de poivre

1 carotte, hachée

1 branche de céleri, hachée

1 petit oignon, haché

sel

100 g (¼ lb) de filet de rouget

2 brins de persil

75 ml (⅓ t.) d'huile d'olive

1 gousse d'ail, pelée et hachée

30 ml (2 c. à s.) de persil haché

poivre blanc

500 g (1 lb) de pennes

2 grandes feuilles d'oseille, ciselées

30 ml (2 c. à s.) de beurre

Préparation : 40 minutes

1 Laver les crevettes, décortiquer et retirer l'intestin. Dans une casserole, mettre les carapaces, les grains de poivre, les légumes et 1 pincée de sel, couvrir d'eau et cuire 15 minutes. Passer le bouillon obtenu au chinois.

2 Reverser le bouillon dans la casserole, réchauffer et ajouter le rouget et les brins de persil. Laisser infuser 3 minutes et retirer le persil. Réduire le rouget en purée avec le bouillon. Couper les crevettes en morceaux.

3 Dans une poêle, chauffer l'huile, ajouter l'ail et faire revenir jusqu'à ce qu'il soit doré. Ajouter le persil haché et les crevettes, cuire jusqu'à ce que les crevettes soient grillées, saler et poivrer.

4 Cuire les pennes dans de l'eau bouillante salée jusqu'à ce qu'elles soient *al dente* et égoutter en réservant un peu de l'eau de cuisson. Ajouter les pâtes et la purée de rouget à la sauce en ajoutant éventuellement de l'eau de cuisson et chauffer à feu doux. Incorporer l'oseille et le beurre, répartir dans des assiettes chaudes et servir.

SPAGHETTIS AUX CREVETTES ET AU POIVRON JAUNE

1 Laver les crevettes et sécher. Peler l'oignon et couper en dés. Laver le poivron et couper en fines lanières. Dans une poêle, chauffer 45 ml (3 c. à soupe) d'huile, ajouter l'oignon et cuire jusqu'à ce qu'il soit translucide. Ajouter le poivron, saler, couvrir et cuire à feu doux.

2 Cuire les spaghettis dans de l'eau bouillante salée jusqu'à ce qu'ils soient *al dente* et égoutter en réservant un peu d'eau de cuisson.

3 Dans une sauteuse, chauffer l'huile restante, ajouter les crevettes et faire revenir rapidement. Mouiller avec le vin, saler et cuire 5 minutes à feu vif. Ajouter la préparation à base de poivron et cuire brièvement.

4 Ajouter le persil et réchauffer le tout à feu doux. Parsemer de poivre blanc et servir immédiatement.

POUR 4 PERSONNES

250 g (½ lb) de crevettes

1 petit oignon

½ poivron jaune

90 ml (6 c. à s.) d'huile d'olive

sel

500 g (1 lb) de spaghettis

50 ml (¼ t.) de vin blanc

15 ml (1 c. à s.) de persil haché

poivre blanc

Préparation : 40 minutes

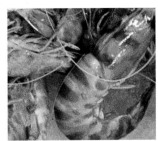

RIGATONIS À L'ESPADON

1 Dans une poêle, chauffer l'huile, ajouter l'ail et faire revenir jusqu'à ce qu'il soit doré.

2 Inciser les tomates en croix, blanchir à l'eau bouillante et monder. Épépiner, couper en dés et ajouter dans la poêle. Mouiller avec le vin et cuire jusqu'à ce que la préparation ait épaissi.

3 Laver le piment et les feuilles de menthe, sécher et couper en très fines lanières. Ajouter dans la poêle.

4 Laver le poisson, sécher et couper en lanières. Ajouter à la préparation et cuire 10 minutes à feu doux. Retirer la gousse d'ail.

5 Cuire les rigatonis dans de l'eau bouillante salée jusqu'à ce qu'ils soient *al dente*, égoutter et ajouter au poisson.

6 Cuire encore 1 minute en remuant délicatement, répartir sur des assiettes chaudes et saupoudrer de parmesan. Garnir de menthe fraîche et servir.

POUR 4 PERSONNES

60 ml (¼ t.) d'huile d'olive

1 gousse d'ail, pelée

400 g (1 lb) de grosses tomates bien mûres

125 ml (½ t.) de vin blanc

1 piment fort

6 feuilles de menthe fraîche

300 g (¾ lb) d'espadon

sel

500 g (1 lb) de rigatonis

60 g (2½ oz) de parmesan frais, râpé

feuilles de menthe, en garniture

Préparation : 40 minutes + temps de cuisson

CONSEIL

Si vous ne trouvez pas d'espadon, remplacez-le par un poisson à chair ferme.

PENNES ET LEUR SAUCE AU THON ET AUX TOMATES SÉCHÉES

1 Cuire les pennes dans de l'eau bouillante salée jusqu'à ce qu'elles soient *al dente*.

2 Peler les oignons et l'ail, et couper en dés. Hacher finement les piments. Dans une poêle, chauffer l'huile, ajouter les oignons et faire revenir jusqu'à ce qu'ils soient translucides. Ajouter l'ail et les piments, couvrir et faire revenir.

3 Ajouter les tomates et leur jus et cuire 10 minutes sans couvrir, jusqu'à ce que la préparation ait épaissi. Dénoyauter les olives, égoutter les câpres et ajouter à la sauce. Saler, poivrer et sucrer.

4 Laver le persil, sécher et hacher finement. Égoutter le thon et l'émietter grossièrement. Incorporer le persil et le thon à la sauce, ajouter les pâtes et répartir dans des assiettes chaudes.

POUR 4 PERSONNES

500 g (1 lb) de pennes
sel
2 oignons
1 à 2 gousses d'ail
2 à 3 piments séchés
45 ml (3 c. à s.) d'huile
1 grosse boîte de 796 ml (28 oz) de tomates
45 ml (3 c. à s.) d'olives noires
45 ml (3 c. à s.) de câpres
poivre
15 ml (1 c. à s.) de sucre
1 bouquet de persil
2 boîtes de 184 g (6,5 oz) de thon

Préparation : 30 minutes

PENNES AUX POIVRONS JAUNES, CÂPRES ET ANCHOIS

POUR 4 PERSONNES

500 g (1 lb) de poivrons jaunes

2 gousses d'ail

90 ml (6 c. à s.) d'huile d'olive

12 anchois, passés sous l'eau et hachés

500 g (1 lb) de pennes

sel

30 ml (2 c. à s.) de câpre

feuilles de basilic et de menthe, hachées

poivre du moulin

Préparation : 30 minutes

1 Couper les poivrons en deux, laver et griller au four chaud jusqu'à ce que la peau éclate et se retire facilement. Peler les poivrons et couper en fines lanières. Hacher les gousses d'ail.

2 Dans une poêle, chauffer la moitié de l'huile d'olive, ajouter l'ail, les anchois et les poivrons, et faire revenir à feu doux. Cuire les pennes dans de l'eau bouillante salée jusqu'à ce qu'elles soient *al dente*.

3 Ajouter les câpres dans la poêle et faire revenir quelques minutes. Ajouter les feuilles de basilic et de menthe et saler. Égoutter les pâtes et incorporer dans la poêle.

4 Ajouter l'huile d'olive restante, mélanger et réchauffer 1 à 2 minutes à feu doux. Poivrer et servir immédiatement.

INFO

Le poivron fait partie de la famille des solanacées, tout comme les pommes de terre et les tomates. Ce légume riche en vitamines et croquant est originaire d'Amérique du Sud. Il a été introduit en Europe au XVIe siècle. Outre les poivrons verts et rouges, il existe aussi des poivrons jaunes, orange, blancs et noirs.

SPAGHETTIS AU PESTO ET FILETS DE POISSON

1 Dans un robot de cuisine, mettre 100 g de pignons, 100 ml (⅓ t.) d'huile d'olive, l'ail et les feuilles de basilic, et réduire le tout en purée. Incorporer le parmesan, saler et poivrer.

2 Cuire les spaghettis dans de l'eau bouillante salée jusqu'à ce qu'ils soient *al dente*, rincer à l'eau froide et égoutter. Incorporer 15 ml (1 c. à soupe) d'huile d'olive.

3 Inciser les tomates en croix, blanchir à l'eau bouillante et peler. Épépiner et couper en dés. Saler et poivrer les filets de poisson. Dans une poêle, chauffer l'huile d'olive restante, ajouter les filets et cuire jusqu'à ce qu'ils soient uniformément dorés.

4 Réchauffer les spaghettis, incorporer le pesto et répartir dans des assiettes chaudes. Parsemer de dés de tomates, garnir d'un filet de poisson et parsemer de basilic.

POUR 4 PERSONNES

150 ml (⅔ t.) de pignons

125 ml (½ t.) d'huile d'olive

3 gousses d'ail, pelées

125 ml (½ t.) de feuilles de basilic

75 ml (⅓ t.) de parmesan, râpé

sel

poivre

500 g (1 lb) de spaghettis

2 tomates fraîches

400 g (1 lb) de filets de flétan ou de sole

basilic, en garniture

Préparation : 25 minutes + temps de cuisson

TAGLIATELLES NOIRES
AUX POULPES

1 Faire décongeler les poulpes. Préchauffer le four à 250 °C (435 °F). Couper les poivrons en quatre, laver et sécher. Mettre sur une plaque, côté coupé vers le bas et cuire au four 10 à 15 minutes, jusqu'à ce que la peau noircisse et se boursoufle. Transférer dans un sac en plastique et laisser reposer 15 minutes.

2 Peler les poivrons et couper en lanières. Inciser les tomates en croix, blanchir à l'eau bouillante et peler. Épépiner et couper en dés. Laver les poulpes, essuyer et couper en morceaux.

3 Cuire les tagliatelles dans de l'eau bouillante salée jusqu'à ce qu'elles soient *al dente* et égoutter. Dans une poêle, chauffer 30 ml (2 c. à soupe) d'huile, ajouter les poulpes, l'ail et le basilic, et cuire le tout 5 minutes à feu vif sans cesser de remuer.

4 Ajouter les tomates et les poivrons, et cuire le tout brièvement. Saler et poivrer, arroser de jus de citron et ajouter les pâtes. Incorporer l'huile restante et le laurier, et servir.

POUR 4 PERSONNES

400 g (1 lb) de poulpes surgelés

3 gros poivrons jaunes

2 tomates fraîches

45 ml (3 c. à s.) de basilic fraîchement haché

2 gousses d'ail, finement hachées

250 g (½ lb) de tagliatelles noires

sel

poivre

60 ml (4 c. à s.) d'huile d'olive

2 feuilles de laurier, hachées

15 à 30 ml (1 à 2 c. à s.) de jus de citron

Préparation : 40 minutes
+ temps de repos
+ temps de cuisson

PÂTES AUX FRUITS DE MER

POUR 4 PERSONNES

300 g (¾ lb) de fruits de mer
frais ou surgelés
2 carottes
1 poireau
½ branche de céleri
30 ml (2 c. à s.) de beurre
125 ml (½ t.) de fumet de poisson
125 ml (½ t.) de vin blanc
500 g (1 lb) de pâtes à l'encre de seiche
sel
125 ml (½ t.) de crème à 35 %
1 bouquet de ciboulette

Préparation : 35 minutes + temps de repos

1 Faire décongeler les fruits de mer surgelés ou parer les fruits de mer frais. Peler les carottes et couper en allumettes. Nettoyer le poireau, sécher et couper en fines rondelles. Nettoyer le céleri, sécher et couper en dés.

2 Dans une poêle, faire fondre le beurre à feu doux, ajouter les légumes et faire revenir 5 à 8 minutes. Mouiller avec le fumet de poisson et le vin blanc, ajouter les fruits de mer et cuire 10 minutes en couvrant.

3 Cuire les pâtes dans de l'eau bouillante salée jusqu'à ce qu'elles soient *al dente*, rincer à l'eau froide et égoutter. Incorporer la crème aux fruits de mer et saler.

4 Laver la ciboulette, sécher et ciseler. Répartir les pâtes dans des assiettes, napper de sauce et garnir de ciboulette.

FILETS DE TURBOT
SUR PÂTES NOIRES

1 Mettre les ingrédients des pâtes dans une terrine, mélanger jusqu'à obtention d'une consistance souple et homogène, et laisser reposer 6 heures. Régler la machine à pâtes sur le cran n° 6, insérer la pâte et couper. Cuire les pâtes noires dans de l'eau bouillante salée jusqu'à ce qu'elles soient *al dente*, égoutter et laisser refroidir.

2 Pour la sauce, mettre le Noilly Prat, le vin blanc et le fumet de poisson dans une casserole, ajouter le safran et les baies de poivre rose, et cuire jusqu'à ce que le mélange épaississe. Passer au chinois.

3 Reverser la sauce dans la casserole, porter à ébullition et ajouter la crème. Incorporer progressivement des noix de beurre, ajouter le curry et le pastis, et saler.

4 Ajouter le turbot et le fumet dans la casserole et faire pocher 5 à 7 minutes.

5 Effeuiller l'estragon et hacher les feuilles. Porter la sauce à ébullition, ajouter l'estragon et la ciboulette, et rectifier l'assaisonnement.

6 Réchauffer les pâtes dans un peu de beurre, répartir dans des assiettes chaudes et garnir de filets de turbot. Napper de sauce et servir immédiatement.

POUR 4 PERSONNES

Pour les pâtes :
1 litre (4 t.) de farine
4 jaunes d'œufs
1 œuf
sel
15 ml (1 c. à s.) d'huile d'olive
100 g (¼ lb) d'encre de seiche

Pour la sauce :
50 ml (¼ t.) de Noilly Prat
50 ml (¼ t.) de vin blanc
125 ml (½ t.) de fumet de poisson
pistils de safran
5 ml (1 c. à thé) de baies de poivre rose
60 ml de crème à 35 %
250 ml (1 t.) de beurre
1 pincée de poudre de curry
30 ml (2 c. à s.) de pastis
4 filets de turbot
125 ml (½ t.) de fumet de poisson
½ bouquet d'estragon
5 ml (1 c. à thé) de ciboulette fraîchement hachée
30 ml (2 c. à s.) de beurre

Préparation : 35 minutes
+ temps de repos
+ temps de cuisson

PENNES AUX ANCHOIS

1 Cuire les pennes dans de l'eau bouillante salée jusqu'à ce qu'elles soient *al dente*.

2 Peler l'ail et l'oignon, et couper en dés. Hacher les anchois. Dans une poêle, chauffer l'huile, ajouter l'ail et l'oignon, et faire revenir 3 à 5 minutes sans cesser de remuer.

3 Ajouter les anchois, les tomates et leur jus, saler et poivrer. Cuire 8 minutes à feu moyen, jusqu'à ce que la préparation ait épaissi. Écraser les tomates. Laver le persil, sécher et hacher finement.

4 Émincer les olives, ajouter à la sauce et réchauffer. Incorporer le persil.

5 Répartir les pâtes dans des assiettes, napper de sauce et parsemer de pecorino. Garnir de feuilles de basilic et servir.

POUR 4 PERSONNES

500 g (1 lb) de pennes
sel
1 oignon
2 gousses d'ail
6 anchois
30 ml (2 c. à s.) d'huile d'olive
1 grosse boîte de 796 ml (28 oz) de tomates
poivre
½ bouquet de persil
125 ml (½ t.) d'olives noires dénoyautées
250 ml (1 t.) de pecorino, râpé
feuilles de basilic, en garniture

Préparation : 30 minutes

TAGLIATELLES VERTES ET PÉTONCLES

POUR 4 PERSONNES

1 échalote
feuilles d'estragon
1 brin de thym
et 1 branche de fenouil
125 ml (½ t.) de vin blanc
grains de poivre
1 pincée de safran
16 gros pétoncles frais
125 ml (½ t.) de crème
à 35 %
sel
poivre du moulin
500 g (1 lb) de tagliatelles
vertes
30 ml (2 c. à s.) de beurre
15 ml (1 c. à s.) de persil
haché

**Préparation : 30 minutes
+ temps de cuisson**

1 Peler l'échalote et hacher. Laver les herbes, sécher et hacher. Dans une casserole, verser le vin et 250 ml (1 t.) d'eau, ajouter l'échalote, le safran, les herbes et les grains de poivre, et cuire 10 minutes. Ajouter les pétoncles et laisser infuser 2 minutes. Retirer de la casserole et réserver au chaud.

2 Filtrer la préparation au chinois, reverser dans la casserole et chauffer jusqu'à ce qu'elle épaississe légèrement. Ajouter la crème et cuire jusqu'à obtention d'une consistance onctueuse. Saler et poivrer.

3 Cuire les tagliatelles dans de l'eau bouillante salée jusqu'à ce qu'elles soient *al dente* et égoutter. Dans une grande poêle, faire fondre le beurre, ajouter les pâtes et chauffer jusqu'à ce qu'elles soient saisies.

4 Couper les pétoncles en lamelles et les plonger brièvement dans la sauce. Répartir les pâtes dans des assiettes chaudes, arroser de sauce et garnir de pétoncles. Garnir de persil et servir immédiatement.

INFO

Vous pouvez utiliser des pétoncles frais ou surgelés

SPAGHETTIS AU SAUMON ET LEUR SAUCE AU CITRON

1 Cuire les spaghettis dans de l'eau bouillante salée jusqu'à ce qu'ils soient *al dente*.

2 Couper le saumon en lanières puis en cubes de la taille d'une bouchée. Laver l'aneth, sécher et hacher finement.

3 Dans une casserole, mettre les jaunes d'œufs, le jus de citron et le zeste, le vin blanc, le sucre, du sel et de poivre, et chauffer à feu moyen jusqu'à obtention d'une consistance onctueuse, sans cesser de battre à l'aide d'un fouet.

4 Couper le beurre très froid en dés et incorporer à la sauce progressivement sans cesser de battre. Ajouter l'aneth et rectifier l'assaisonnement.

5 Égoutter les pâtes, remettre dans la casserole et ajouter le saumon. Cuire 3 minutes sans cesser de remuer délicatement, jusqu'à ce que le saumon soit saisi. Répartir les pâtes dans des assiettes chaudes, napper de sauce et servir immédiatement.

POUR 4 PERSONNES

500 g (1 lb) de spaghettis
sel
300 g (¾ lb) de saumon
1 bouquet d'aneth
4 jaunes d'œufs
zeste d'un citron
15 ml (1 c. à s.) de jus de citron
60 ml (4 c. à s.) de vin blanc
5 ml (1 c. à thé) de sucre
poivre
125 ml (½ t.) de beurre

Préparation : 30 minutes

SPAGHETTIS AUX TOMATES ET AU SAUMON

POUR 4 PERSONNES

1 litre (4 t.) de roquette

50 g (⅛ lb) de bacon

3 anchois

750 ml (3 t.) de tomates cerises

4 échalotes

2 gousses d'ail

350 g (¾ lb) de saumon sans la peau

30 ml (2 c. à s.) d'huile d'olive

sel

350 g (¾ lb) de spaghettis ou de linguine

poivre

Préparation : 30 minutes

1 Trier la roquette, laver et sécher. Ciseler les feuilles les plus grandes et répartir dans 4 assiettes. Couper le bacon en dés. Passer les anchois sous l'eau froide de sorte qu'ils ne soient pas trop salés, essuyer et hacher finement.

2 Monder les tomates, épépiner et concasser. Peler les échalotes et l'ail, et couper en dés. Rincer le saumon à l'eau froide, sécher et couper en cubes de 1 à 2 cm (⅜ po à ¾ po).

3 Dans une grande poêle, chauffer l'huile, ajouter le bacon et faire revenir à feu moyen jusqu'à ce qu'il soit grillé. Cuire les spaghettis dans de l'eau bouillante salée jusqu'à ce qu'ils soient *al dente*. Incorporer les échalotes et l'ail dans la poêle et faire revenir jusqu'à ce qu'ils soient translucides. Ajouter les dés de poisson et cuire encore 2 minutes. Transférer le tout dans une terrine chaude.

4 Mettre les tomates et les anchois dans la poêle, porter à ébullition et ajouter dans la terrine. Mélanger le tout et répartir sur la roquette.

TAGLIATELLES SAFRANÉES AUX PALOURDES

1 Nettoyer les palourdes à l'eau courante et jeter celles qui sont ouvertes. Couper 1 échalote en dés. Dans une casserole, chauffer ½ cuillerée à soupe d'huile d'olive, ajouter les dés d'échalote et faire revenir. Ajouter la moitié de l'ail et les palourdes, mouiller avec le vin et couvrir le tout d'eau.

2 Ajouter les légumes pour potage, l'aneth, le persil, du sel et du poivre, couvrir et laisser mijoter 8 à 10 minutes. Filtrer et jeter les palourdes qui sont encore fermées. Reverser la sauce dans la casserole et chauffer jusqu'à ce qu'elle ait réduit. Décoquiller les palourdes ouvertes et réserver au chaud dans la sauce.

3 Inciser les tomates en croix, blanchir à l'eau bouillante et monder. Épépiner et couper en dés.

4 Cuire les tagliatelles dans de l'eau bouillante salée jusqu'à ce qu'elles soient *al dente*, égoutter et incorporer 15 ml (1 c. à soupe) d'huile d'olive.

5 Couper l'échalote restante en dés. Dans une poêle, chauffer l'huile restante, ajouter les dés d'échalote et l'ail restant, et faire revenir. Ajouter le bouquet garni et les tomates, et chauffer à feu doux jusqu'à ce que la préparation épaississe. Retirer les herbes, saler, poivrer et sucrer.

6 Dans une autre poêle, chauffer le beurre, ajouter les pâtes et chauffer jusqu'à ce qu'elles soient saisies. Incorporer le safran, les palourdes et la sauce, rectifier l'assaisonnement. Répartir dans des assiettes, parsemer de persil et servir.

POUR 4 PERSONNES

1 kg (2,2 lb) de palourdes

2 échalotes

30 ml (2 c. à s.) d'huile d'olive

2 gousses d'ail, hachées

500 ml (2 t.) de vin blanc sec

175 ml (¾ t.) de légumes pour potage, parés et coupés en dés

½ bouquet d'aneth

½ bouquet de persil

sel

poivre blanc

2 tomates fraîches

500 g (1 lb) de tagliatelles

1 bouquet garni (thym, laurier, etc)

1 pincée de sucre

30 ml (2 c. à s.) de beurre

1 pincée de safran

30 ml (2 c. à s.) de persil haché

Préparation : 45 minutes + temps de cuisson

TORTELLINIS FARCIS AUX CREVETTES

POUR 4 PERSONNES

750 ml (3 t.) de farine

4 œufs

15 ml (1 c. à s.) d'huile

sel

1 botte d'oignons verts

1 morceau de gingembre d'environ 3 cm (1¼ po)

2 gousses d'ail

350 g (¾ lb) de crevettes cuites et décortiquées

15 ml (1 c. à s.) de sauce soya

1 poivron rouge

1 piment fort rouge

30 ml (2 c. à s.) d'huile de sésame

Préparation : 50 minutes + temps de repos

1 Mélanger la farine, 3 œufs, l'huile et le sel jusqu'à obtention d'une pâte souple, envelopper de pellicule plastique et laisser reposer 30 minutes.

2 Laver les oignons verts, sécher et couper en très fines rondelles. Peler le gingembre et râper finement. Peler les gousses d'ail et écraser dans un mortier. Laver les crevettes, sécher et hacher finement.

3 Mélanger le tout, ajouter l'œuf restant et la sauce soya, et saler.

4 Sur un plan fariné, abaisser la pâte de sorte qu'elle ait 2 mm (⅛ po) d'épaisseur et découper des carrés de 5 cm (2 po) de côté à l'aide d'une roulette crantée. Placer 5 ml (1 c. à thé) de farce au centre de chaque carré, replier les carrés en triangles en pressant les bords et former des tortellinis.

5 Dans une casserole, porter une grande quantité d'eau salée à ébullition, ajouter les tortellinis et cuire 5 à 8 minutes.

6 Laver le piment et le poivron, épépiner et couper en petits dés. Dans une poêle, chauffer l'huile, ajouter le poivron et le piment, et faire revenir. Saler et poivrer. Répartir les tortellinis dans des assiettes, garnir de poivron et de piment, et servir.

TAGLIATELLES AUX CREVETTES ET AUX POIVRONS

1 Laver les poivrons, épépiner et couper en dés. Peler l'oignon et la gousse d'ail, et hacher. Dans une poêle, faire fondre le beurre, ajouter les poivrons, l'oignon et l'ail, et faire revenir 3 à 5 minutes sans cesser de remuer.

2 Mouiller avec le vin blanc et le fumet de poisson, et cuire à feu moyen 2 à 4 minutes. Saler, poivrer et incorporer du paprika et la crème.

3 Laver les crevettes, sécher, saler et poivrer. Dans une poêle, chauffer l'huile pimentée, ajouter les crevettes et faire revenir à feu vif. Ajouter à la sauce, laisser infuser 3 minutes et retirer les crevettes.

4 Cuire les tagliatelles dans de l'eau bouillante salée jusqu'à ce qu'elles soient *al dente*. Laver l'origan, sécher et ciseler. Égoutter les pâtes, répartir dans des assiettes et napper de sauce. Garnir de crevettes et parsemer d'origan.

POUR 4 PERSONNES

2 poivrons rouges

1 oignon

1 gousse d'ail

15 ml (1 c. à s.) de beurre

75 ml (⅓ t.) de vin blanc

75 ml (⅓ t.) de fumet de poisson

sel

poivre

paprika

30 ml (2 c. à s.) de crème à 35 %

200 g (½ lb) de crevettes

15 ml (1 c. à s.) d'huile pimentée

350 g (¾ lb) de tagliatelles vertes

½ bouquet d'origan

Préparation : 30 minutes

INFO

L'origan se décline en trente-cinq espèces. Ayant un goût prononcé, il est souvent utilisé seul comme épice. Il a également des propriétés antibactériennes et désinfectantes.

SPAGHETTIS AUX PALOURDES ET AU PESTO

POUR 4 PERSONNES

2 bouquets de basilic
1 gousse d'ail
45 ml (3 c. à s.) de pignons
75 ml (⅓ t.) d'huile d'olive
sel
poivre
500 g (1 lb) de spaghettis
400 g (1 lb) de palourdes
dans leurs coquilles
15 ml (1 c. à s.) de jus
de citron

Préparation : 45 minutes

1 Laver le basilic, sécher et ciseler. Peler l'ail et hacher. Concasser les pignons. Mettre le basilic, l'ail et les pignons dans une terrine, ajouter 45 ml (3 c. à soupe) d'huile d'olive, saler et poivrer.

2 Cuire les spaghettis dans de l'eau bouillante salée jusqu'à ce qu'ils soient *al dente*, égoutter et transférer dans une terrine chaude.

3 Laver les palourdes, égoutter et jeter celles qui sont ouvertes. Dans une poêle, chauffer l'huile restante et le jus de citron, ajouter les palourdes et couvrir. Cuire quelques secondes, jusqu'à ce que les palourdes soient ouvertes.

4 Jeter les palourdes qui sont encore fermées. Mélanger les pâtes, le pesto et les palourdes, et servir immédiatement.

TAGLIATELLES AUX PALOURDES ET AU VIN BLANC

1 Rincer les palourdes à l'eau froide, égoutter et jeter celles qui sont ouvertes. Peler les échalotes et couper en dés. Hacher l'anchois menu. Peler l'ail, hacher et ajouter l'anchois et 15 ml (1 c. à soupe) d'huile d'olive. Laver le persil et l'origan, sécher et hacher grossièrement.

2 Dans une poêle, chauffer l'huile restante, ajouter les échalotes et faire revenir à feu moyen. Incorporer le mélange anchois-ail et mouiller avec le vin blanc.

3 Ajouter les palourdes, couvrir et cuire à feu moyen jusqu'à ce qu'elles soient ouvertes. Jeter celles qui sont encore fermées. Ajouter les herbes hachées dans la poêle et cuire encore 5 minutes à feu doux.

4 Cuire les tagliatelles dans de l'eau bouillante salée jusqu'à ce qu'elles soient *al dente,* égoutter. Saler et poivrer les palourdes et incorporer aux pâtes.

POUR 4 PERSONNES

1 kg (2,2 lb) de palourdes
2 échalotes
1 anchois mariné
2 à 3 gousses d'ail
75 ml (⅓ t.) d'huile d'olive
½ bouquet de persil
4 brins d'origan
250 ml (1 t.) de vin blanc sec
500 g (1 lb) de tagliatelles
sel
poivre blanc

Préparation : 45 minutes

CONSEIL

Ce plat est également délicieux avec des moules. Toutefois, renoncez à l'anchois dans la préparation.

89

SPAGHETTIS AUX PALOURDES ET À LA SAUCE TOMATE

POUR 4 PERSONNES

1 kg (2,2 lb) de palourdes
fraîches
15 ml (1 c. à s.) de jus
de citron
75 ml (⅓ t.) d'huile d'olive
3 gousses d'ail, hachées
1 grosse boîte de 796 ml
(28 oz) de tomates
poivre
sel
500 g (1 lb) de spaghettis
60 ml (¼ t.) de persil
plat frais finement haché

Préparation : 25 minutes

1 Laver les palourdes, égoutter et jeter celles qui sont ouvertes. Dans une casserole, mettre les palourdes, arroser de jus de citron et couvrir d'eau. Couvrir et cuire 7 à 8 minutes, jusqu'à ce que les palourdes soient ouvertes. Jeter les palourdes qui sont encore fermées, décoquiller et réserver.

2 Dans une poêle, chauffer l'huile, ajouter l'ail et faire revenir 5 minutes. Ajouter les tomates et leur jus, mélanger et porter à ébullition. Couvrir et cuire 20 minutes. Saler et poivrer. Incorporer les palourdes à la sauce et réchauffer.

3 Cuire les spaghettis dans de l'eau bouillante salée jusqu'à ce qu'ils soient *al dente*, égoutter et remettre dans la cocotte. Incorporer délicatement la sauce et le persil, transférer dans un plat de service chaud et servir.

LINGUINE AUX SARDINES

POUR 4 PERSONNES

8 filets de sardines

1 bulbe de fenouil

2 gousses d'ail

½ piment fort rouge

60 ml (4 c. à s.) d'huile
d'olive

350 g (¾ lb) de linguine

sel

poivre

3 brins de persil

zeste de 1 citron non traité

15 ml (1 c. à s.) de jus
de citron

30 ml (2 c. à s.) de pignons
grillés

**Préparation : 30 minutes
+ temps de cuisson**

1 Laver les sardines, sécher et hacher grossièrement. Nettoyer le fenouil et couper les feuilles. Peler l'ail et hacher finement. Laver le piment, sécher et couper en dés.

2 Dans une poêle, chauffer 30 ml (2 c. à soupe) d'huile d'olive, ajouter l'ail et le piment, et faire revenir. Ajouter le fenouil et cuire 5 minutes. Incorporer les sardines et cuire encore 4 minutes.

3 Cuire les liguine dans de l'eau bouillante salée jusqu'à ce qu'elles soient *al dente* et égoutter. Laver le persil, sécher et hacher. Incorporer les pignons, le zeste et le jus de citron à la préparation à base de sardines, ajouter l'huile restante et mélanger délicatement aux pâtes.

TAGLIATELLES AU SAUMON FUMÉ

1 Cuire les tagliatelles dans de l'eau bouillante salée jusqu'à ce qu'elles soient *al dente* et égoutter. Laver l'aneth, sécher et hacher 2 brins grossièrement.

2 Dans une casserole, verser la crème, le Noilly Prat et le brin d'aneth entier, et chauffer jusqu'à ce que le mélange épaississe et soit onctueux.

3 Retirer l'aneth, saler, poivrer et incorporer du piment de Cayenne. Couper le saumon fumé en lanières, incorporer à la sauce et ajouter l'aneth hachée. Mélanger les pâtes et la sauce, et servir immédiatement.

POUR 4 PERSONNES

500 g (1 lb) de tagliatelles noires

sel

3 brins d'aneth

500 ml (2 t.) de crème à 35 %

45 ml (3 c. à s.) de Noilly Prat

piment de Cayenne

poivre

400 g (1 lb) de saumon fumé

Préparation : 30 minutes

INFO

Les pâtes noires sont à l'encre de seiche. Celle-ci libère cette encre lorsqu'elle veut se défendre contre ses ennemis.

PÂTES
À LA VIANDE

Des plats de pâtes à la viande
ou à la volaille accompagnées de
délicieuses sauces relevées aux fines
herbes sont ce qu'il y a de plus exquis.
Dans ce chapitre, vous trouverez
des recettes simples et raffinées avec
des boulettes de viande ou du salami
ainsi que d'excellentes combinaisons
entre les pâtes et le gibier. Des recettes
à base de bœuf, lapin, agneau
et volaille attendent également
d'être cuisinées !

RIGATONIS AU RAGOÛT D'AGNEAU

1 Couper l'agneau en cubes, saler et poivrer. Dans une cocotte, chauffer l'huile, ajouter les gousses d'ail et faire revenir. Retirer de la cocotte. Mettre la viande dans la cocotte et cuire jusqu'à ce qu'elle soit saisie et dorée. Ajouter le piment et le laurier.

2 Laver les poivrons, épépiner et couper en lanières. Ajouter à la viande et faire revenir sans cesser de remuer. Mouiller avec le vin, ajouter le concentré de tomate et couvrir. Cuire 1 heure à feu doux, jusqu'à ce que la viande s'attendrisse. Mouiller éventuellement avec un peu d'eau. Rectifier l'assaisonnement et retirer le laurier et le piment.

3 Cuire les rigatonis dans de l'eau bouillante salée jusqu'à ce qu'ils soient *al dente* et égoutter. Transférer dans un plat de service chaud et servir avec le ragoût.

POUR 4 PERSONNES

250 g (½ lb) de gigot ou d'épaule d'agneau

sel

poivre

60 ml (¼ t.) d'huile d'olive

2 gousses d'ail, pelées

1 petit piment fort rouge

1 feuille de laurier

1 poivron rouge

1 poivron jaune

30 ml (2 c. à s.) de concentré de tomate

50 ml (¼ t.) de vin blanc

500 g (1 lb) de rigatonis

**Préparation : 30 minutes
+ temps de cuisson**

TAGLIATELLES AU RAGOÛT DE POULET ET POIVRONS

POUR 4 PERSONNES

1 poivron rouge

1 poivron vert

1 bouquet de cerfeuil

350 g (¾ lb) de blanc de poulet

30 ml (2 c. à s.) d'huile

20 ml (1½ c. à s.) de beurre

125 ml (½ t.) de bouillon de volaille

1 gousse d'ail

5 à 10 ml (1 à 2 c. à thé) de paprika

5 ml (1 c. à thé) d'herbes de Provence séchées

500 g (1 lb) de tagliatelles

sel

75 ml (⅓ t.) de parmesan, fraîchement râpé

piment de Cayenne

Préparation : 40 minutes

1 Laver les poivrons, sécher et couper en quartiers. Placer sur une plaque de four, partie bombée vers le haut, et cuire au four préchauffé, à 200 °C (400 °F), jusqu'à ce que la peau noircisse et se boursoufle. Laisser refroidir, retirer la peau et couper la chair en dés.

2 Laver le cerfeuil, sécher et effeuiller. Couper le blanc de poulet en 2 grosses tranches de 2 cm (¾ po) d'épaisseur.

3 Dans une poêle, chauffer l'huile, ajouter la viande et cuire à feu vif 2 minutes de chaque côté. Retirer de la poêle et réserver au chaud. Faire fondre le beurre dans la poêle, ajouter les poivrons et faire revenir rapidement. Déglacer avec le bouillon.

4 Peler la gousse d'ail et hacher. Ajouter le paprika, l'ail et les herbes de Provence dans la poêle et cuire 2 minutes sans couvrir.

5 Cuire les tagliatelles dans de l'eau bouillante salée jusqu'à ce qu'elles soient *al dente* et égoutter. Incorporer immédiatement 30 g (1 oz) de parmesan, la viande et la sauce. Saler, ajouter du piment de Cayenne et parsemer de cerfeuil et du parmesan restant.

PENNES AU SALAMI ET AU FROMAGE

POUR 4 PERSONNES

200 g (½ lb) de salami

1 gros oignon

2 gousses d'ail

60 ml (4 c. à s.) d'huile

125 ml (½ t.) de vin blanc sec

3 tomates mûres

1 brin de romarin, haché

sel

poivre du moulin

700 g (1½ lb) de provolone (fromage à pâte filée)

500 g (1 lb) de pennes

75 ml (⅓ t.) de parmesan, fraîchement râpé

**Préparation : 30 minutes
+ temps de cuisson**

1 Peler le salami et l'oignon, et couper en bâtonnets. Peler les gousses d'ail.

2 Dans une grande poêle, chauffer l'huile, ajouter l'oignon et faire revenir jusqu'à ce qu'il soit translucide. Ajouter l'ail et le salami, et faire revenir brièvement, jusqu'à ce que le salami soit saisi sans avoir desséché. Mouiller avec le vin et laisser s'évaporer à feu vif.

3 Inciser les tomates en croix, blanchir à l'eau bouillante et monder. Épépiner et couper en dés. Ajouter dans la poêle, incorporer le romarin, saler et poivrer. Cuire à l'étuvée à feu moyen 30 minutes. Couper le provolone en bâtonnets, ajouter dans la sauce et laisser fondre. Stopper la cuisson.

4 Cuire les pennes dans de l'eau bouillante salée jusqu'à ce qu'elles soient *al dente* et égoutter. Incorporer à la sauce, bien mélanger le tout et cuire à feu doux 1 à 2 minutes. Ajouter la moitié du parmesan et servir le parmesan restant à part.

FETTUCCINES AU BACON

1 Couper le bacon en dés. Peler l'oignon et l'ail, et hacher finement. Dans une poêle, chauffer l'huile, ajouter le bacon et faire revenir. Ajouter l'oignon et l'ail, et faire revenir jusqu'à ce qu'ils soient translucides.

2 Mouiller avec le bouillon, ajouter le persil, saler et poivrer. Cuire à feu doux jusqu'à ce que la préparation ait réduit de moitié.

3 Laver le basilic, sécher et hacher menu. Ajouter à la sauce et bien mélanger.

4 Cuire les fettuccines dans de l'eau bouillante salée jusqu'à ce qu'elles soient *al dente*, rincer à l'eau froide et égoutter. Répartir dans des assiettes, napper de sauce et parsemer de pecorino.

POUR 4 PERSONNES

100 g (¼ lb) de bacon frais

1 oignon

1 gousse d'ail

45 ml (3 c. à s.) d'huile d'olive

150 ml (⅔ t.) de bouillon de bœuf

15 ml (1 c. à s.) de persil frais haché

sel

poivre

4 feuilles de basilic

500 g (1 lb) de fettuccines

250 ml (1 t.) de pecorino, grossièrement râpé

Préparation : 20 minutes + temps de cuisson

INFO

Le pecorino est un fromage au lait de brebis qui se décline en diverses. Le pecorino romano est considéré comme le meilleur. En Sardaigne, on trouve également un pecorino sarde. Sa pâte doit être couleur de paille et dense, et sa croûte rousse à noire.

PAPPARDELLE AUX FOIES DE VOLAILLE

POUR 4 PERSONNES

500 g (1 lb) de foies de volaille parés

1 l (4 t.) de champignons

2 petits piments forts rouges

8 grandes feuilles de sauge

1 orange non traitée

5 ml (1 c. à thé) de sucre

125 ml (½ t.) d'huile d'olive

2 gousses d'ail, hachées

sel

20 feuilles de basilic

500 g (1 lb) de pappardelle

15 ml (1 c. à s.) de vinaigre balsamique

Préparation : 30 minutes + temps de cuisson

1 Laver les foies de volaille et couper en morceaux de la taille d'une bouchée. Nettoyer les champignons et couper en quatre. Couper les piments en deux, épépiner et couper en dés. Laver la sauge, sécher et ciseler.

2 Prélever le zeste de l'orange et couper en très fines lanières. Dans une petite casserole, faire fondre le sucre à feu doux jusqu'à ce qu'il soit doré, ajouter le zeste et cuire jusqu'à ce qu'il soit confit. Ajouter les piments, la moitié de l'huile d'olive, la sauge, l'ail et le sel.

3 Dans une poêle, chauffer 60 ml (4 c. à soupe) d'huile, ajouter les champignons et cuire à feu vif 1 minute. Saler et ajouter la préparation à base de zeste d'orange. Laver le basilic, sécher et ciseler grossièrement.

4 Cuire les pappardelle dans de l'eau bouillante salée jusqu'à ce qu'elles soient *al dente* et égoutter. Dans une autre poêle, chauffer l'huile restante, ajouter les foies et cuire 2 minutes à feu vif. Saler et déglacer avec le vinaigre balsamique.

5 Mélanger les pâtes, les foies, la préparation à base de champignons et du basilic. Rectifier l'assaisonnement et ajouter le basilic restant.

PENNES ET FOIES DE POULET

1 Laver les foies, parer et couper en morceaux de la taille d'une bouchée.

2 Cuire les pennes dans de l'eau bouillante salée jusqu'à ce qu'elles soient *al dente*, égoutter et réserver au chaud. Peler l'oignon et l'ail, et couper en dés.

3 Dans une poêle, faire fondre le beurre, ajouter l'oignon et faire revenir jusqu'à ce qu'il soit translucide.

Ajouter l'ail, les foies, le zeste d'orange et le laurier, et cuire 3 minutes sans cesser de remuer. Retirer les foies de la poêle, mouiller avec le vin et ajouter le concentré de tomate et la crème. Laisser mijoter jusqu'à ce que la sauce épaississe.

4 Retirer le laurier. Remettre les foies dans la poêle et réchauffer. Saler et poivrer. Napper les pâtes de sauce et servir.

POUR 4 PERSONNES

350 g (¾ lb) de foies de volaille

500 g (1 lb) de pennes

1 oignon

2 gousses d'ail

60 ml (¼ t.) de beurre

30 ml (2 c. à s.) de zeste d'orange

2 feuilles de laurier

125 ml (½ t.) de vin rouge

30 ml (2 c. à s.) de concentré de tomate

30 ml (2 c. à s.) de crème à 35 %

sel

poivre

Préparation : 15 minutes
+ temps de cuisson

SPAGHETTIS À LA SAUCISSE, AUX LENTILLES ET ÉPINARDS

POUR 4 PERSONNES

1,5 l (6 t.) d'épinards frais
1 petit oignon
15 ml (1 c. à s.) d'huile
4 saucisses fraîches
250 g (½ lb) de spaghettis
sel
125 ml (½ t.) de lentilles roses
125 ml (½ t.) de bouillon de bœuf ou de légumes
125 ml (½ t.) de crème à 35 %
poivre du moulin

Préparation : 40 minutes + temps de cuisson

1 Retirer les tiges dures des épinards, laver et mettre encore humides dans une grande casserole. Cuire à feu vif jusqu'à ce que les feuilles soient flétries en secouant plusieurs fois la casserole.

2 Laisser les épinards tiédir et hacher grossièrement. Peler l'oignon et couper en dés. Dans une poêle, chauffer l'huile, ajouter l'oignon et faire revenir jusqu'à ce qu'il soit translucide. Retirer la peau des saucisses, façonner de petites boulettes avec la chair et ajouter dans la poêle. Faire revenir à feu moyen jusqu'à ce que les boulettes soient dorées. Cuire les spaghettis dans de l'eau bouillante salée jusqu'à ce qu'ils soient *al dente* et égoutter.

3 Ajouter les lentilles dans la poêle et faire revenir 1 minute sans cesser de remuer. Incorporer les épinards, mouiller avec le bouillon et ajouter la crème. Porter à ébullition, couvrir et cuire 5 minutes à feu doux. Saler et poivrer. Incorporer la préparation obtenue aux pâtes, répartir dans des assiettes et servir immédiatement.

INFO

Les lentilles roses, contenant de nombreuses protéines et minéraux, sont déjà décortiquées. Comme elles sont très tendres, elles n'ont pas besoin d'être trempées avant la cuisson.

108

TAGLIATELLES VERTES ET JAMBON DE PARME ET LEUR SAUCE AU FROMAGE ET AU CÉLERI

POUR 4 PERSONNES

750 ml (3 t.) de céleri-rave
sel
45 ml (3 c. à s.) de jus de citron
250 g (½ lb) de tagliatelles
125 ml (½ t.) de lait
125 ml (½ t.) de crème à 35 %
125 ml (½ t.) de gorgonzola
poivre du moulin
noix muscade râpée
75 g (¼ lb) de jambon de Parme, finement tranché
125 ml (½ t.) d'olives noires, dénoyautées

Préparation : 30 minutes + temps de cuisson

1 Peler le céleri, laver et couper en cubes. Dans une casserole, porter de l'eau salée à ébullition, ajouter 30 ml (2 c. à soupe) de jus de citron et le céleri, et porter de nouveau à ébullition. Couvrir et cuire 10 minutes à feu moyen.

2 Retirer le céleri à l'aide d'une écumoire, ajouter les tagliatelles dans la casserole et cuire jusqu'à ce qu'elles soient *al dente*.

3 Dans une autre casserole, mettre le céleri, le lait, la crème et le gorgonzola, et cuire à petit bouillon sans cesser de remuer. Réduire le tout en purée.

4 Réchauffer la sauce sans laisser bouillir, incorporer le jus de citron restant et de la noix muscade, saler et poivrer.

5 Égoutter les pâtes, incorporer à la sauce et répartir le tout dans des assiettes chaudes.

6 Déchirer les tranches de jambon de Parme, répartir sur les pâtes et garnir d'olives noires.

RAVIOLIS AUX ÉPINARDS ET AU BEURRE DE SAUGE

1 Mélanger les ingrédients pour les pâtes jusqu'à obtention d'une consistance souple et homogène, couvrir d'un torchon et laisser reposer 20 minutes.

2 Peler l'oignon et l'ail, et hacher. Dans une poêle, chauffer l'huile, ajouter l'ail, l'oignon et le romarin, et faire revenir. Ajouter la viande hachée et cuire 5 minutes sans cesser de remuer. Ajouter les herbes restantes, mouiller avec le vin et cuire encore 10 minutes.

3 Effeuiller les épinards, laver et mettre encore humides dans une cocotte. Cuire à feu vif jusqu'à ce que les feuilles aient flétri, transférer dans une passoire et presser. Hacher finement et ajouter dans la poêle. Retirer le laurier. Réduire la préparation en purée et incorporer les œufs, la chapelure et le parmesan. Saler, poivrer et ajouter de la noix muscade.

4 Sur un plan fariné, diviser la pâte en deux et abaisser les deux portions. Répartir des petits tas de farce sur une des abaisses de pâte en les alignant et en laissant 3 cm (1½ po) entre chaque tas. Couvrir avec l'autre abaisse de pâte, souder les bords et couper des bandes larges entre chaque tas. Découper les raviolis à l'aide d'une roulette crantée.

5 Cuire les raviolis 4 minutes dans de l'eau bouillante salée et égoutter.

6 Dans une poêle, faire fondre le beurre, ajouter la sauge et faire revenir. Servir les raviolis nappés de beurre de sauge et saupoudrés de parmesan.

POUR 4 PERSONNES

Pour les pâtes :
1 l (4 t.) de farine
4 œufs
5 ml (1 c. à thé) de sel
5 ml (1 c. à thé) d'huile d'olive

Pour la sauce :
1 oignon
1 gousse d'ail
15 ml (1 c. à s.) de romarin haché
30 ml (2 c. à s.) d'huile d'olive
300 g (⅔ lb) de viande de bœuf hachée
1 feuille de laurier
2 ml (½ c. à thé) de marjolaine
2 ml (½ c. à thé) d'origan
125 ml (½ t.) de vin blanc sec
2 l (8 t.) d'épinards frais
4 œufs
75 ml (⅓ t.) de chapelure
30 ml (2 c. à s.) de parmesan frais râpé
noix muscade
90 ml (6 c. à s.) de beurre
30 ml (2 c. à s.) de sauge ciselée

Préparation : 40 minutes
+ temps de cuisson
+ temps de repos

PÂTES AU CANARD

POUR 4 PERSONNES

1 canard et ses abats

500 ml (2 t.) de vin rouge

½ bouquet garni

1 oignon

grains de poivre

sel

1 à 2 courgettes,
en julienne

1 à 2 carottes,
en julienne

30 ml (2 c. à s.) d'huile
d'olive

60 ml (¼ t.) de beurre

45 ml (3 c. à s.) d'olives
noires, dénoyautées et
émincées

500 g (1 lb) de spaghettis

Préparation : 40 minutes

1 Laver le canard, détacher les magrets à l'aide d'un couteau tranchant et retirer la peau. Retirer les cuisses et les réserver pour un autre usage. Hacher grossièrement la carcasse.

2 Peler un oignon et couper en quartiers. Dans une cocotte, mettre les abats (sans le foie) et la carcasse, le vin rouge et 250 ml (1 t.) d'eau, ajouter le bouquet garni, l'oignon, les grains de poivre et du sel, et cuire 1 heure sans couvrir. Le liquide doit se réduire à 125 ml (½ t.).

3 Blanchir les courgettes et les carottes à l'eau salée et transférer dans une passoire.

4 Dans une poêle, chauffer l'huile, ajouter les magrets et saisir de chaque côté. La viande doit être rosée au centre. Saler, laisser refroidir et émincer. Passer les 125 ml (½ t.) de bouillon de canard au chinois et verser dans une cocotte. Écraser le foie, ajouter dans la cocotte et porter à ébullition. Ajouter des noix de beurre, les olives, les magrets et les légumes, et réchauffer brièvement.

5 Cuire les spaghettis dans de l'eau bouillante salée jusqu'à ce qu'ils soient *al dente*, égoutter et servir avec le canard, arrosé de bouillon.

PAPPARDELLE AU CANARD SAUVAGE

1 Peler la carotte, le poireau, la branche de céleri et l'oignon, et couper en dés. Laver les canards et essuyer. Dans une cocotte, chauffer l'huile, ajouter les canards et les légumes, et saisir. Déglacer avec le vin blanc et ajouter les tomates.

2 Cuire jusqu'à ce que la préparation ait épaissi, mouiller avec le bouillon de canard et porter à ébullition. Mettre le couvercle, laisser s'échapper un peu la vapeur et réduire le feu. Cuire 20 à 25 minutes selon la taille des canards.

3 Laisser s'échapper la vapeur et ouvrir. Retirer les canards de la cocotte à l'aide d'une écumoire et passer rapidement sous l'eau froide. Détacher la viande des os et réserver au chaud.

4 Ajouter le bouquet garni dans la cocotte et chauffer jusqu'à ce que la préparation épaississe. Cuire les pappardelle dans de l'eau bouillante salée jusqu'à ce qu'elles soient *al dente* et égoutter. Retirer le bouquet garni, filtrer la préparation au chinois et lier éventuellement avec de l'arrow-root.

5 Répartir les pâtes dans des assiettes chaudes, garnir de canard et napper de sauce. Parsemer de graines de fenouil et de parmesan, et servir.

POUR 4 PERSONNES

1 carotte

1 poireau

1 branche de céleri

1 oignon

2 canards sauvages, parés

30 ml (2 c. à s.) d'huile d'olive

500 ml (2 t.) de vin blanc sec

1 boîte de tomates concassées

250 ml (1 t.) de bouillon de canard sauvage

1 bouquet garni

350 g (¼ lb) de pappardelle

arrow-root, pour lier la sauce

5 ml (1 c. à thé) de graines de fenouil

30 ml (2 c. à s.) de parmesan fraîchement râpé

Préparation : 40 minutes + temps de cuisson

PENNES À LA BLANQUETTE DE VEAU

POUR 4 PERSONNES

600 g (1¼ lb) de veau

1 à 2 d'oignons

1 à 2 de panais

500 ml (2 t.) de champignons

75 ml (⅓ t.) d'huile d'olive

sel

poivre

5 ml (1 c. à thé) de thym séché

175 ml (¾ t.) de bouillon de veau

350 g (¾ lb) de pennes

5 à 10 ml (1 à 2 c. à thé) de farine

175 ml (¾ t.) de crème à 35 %

175 ml (¾ t.) de petits pois surgelés

15 à 30 ml (1 à 2 c. à s.) de jus de citron

sauce Worcestershire

½ bouquet de persil haché

Préparation : 30 minutes + temps de cuisson

1 Laver la viande, sécher et couper en dés. Peler les oignons et les panais. Couper les oignons en dés et les panais en rondelles. Nettoyer les champignons et émincer si nécessaire.

2 Dans une poêle, chauffer la moitié de l'huile, ajouter les champignons et faire revenir 2 à 3 minutes. Retirer de la poêle et réserver. Chauffer l'huile restante dans la poêle, ajouter la viande et faire revenir sans cesser de remuer jusqu'à ce qu'elle soit saisie.

3 Saler et poivrer, ajouter les oignons et les panais, et faire mijoter 3 minutes.

Ajouter le thym, mouiller avec le bouillon et cuire 45 minutes en couvrant. Cuire les pennes dans de l'eau bouillante salée jusqu'à ce qu'elles soient *al dente*.

4 Retirer le couvercle de la cocotte et chauffer jusqu'à ce que la préparation épaississe. Saupoudrer de farine et incorporer la crème. Ajouter les petits pois et les champignons, et cuire 5 minutes sans cesser de remuer.

5 Saler, poivrer et ajouter le jus de citron et de la sauce Worcestershire. Parsemer de persil haché et servir.

PAPPARDELLE AU CIVET DE LAPIN

1 Émincer le lapin et couper la pancetta en dés. Peler l'oignon et hacher. Émincer le céleri. Peler la carotte et couper en rondelles. Inciser la tomate en croix, blanchir à l'eau bouillante et monder. Épépiner et hacher.

2 Dans une poêle, chauffer l'huile, ajouter la pancetta et faire revenir. Ajouter le lapin et faire revenir jusqu'à ce qu'il soit uniformément

doré. Ajouter le céleri, la carotte, la tomate et l'oignon, et cuire le tout. Saler, poivrer et ajouter le thym. Mouiller avec le vin et le bouillon, couvrir et cuire 1 h 20.

3 Cuire les pappardelle dans de l'eau bouillante salée jusqu'à ce qu'elles soient *al dente* et égoutter. Incorporer les pâtes au civet de lapin et servir.

POUR 4 PERSONNES

400 g (1 lb) de lapin
50 g (⅛ lb) de pancetta
1 oignon
1 carotte
1 branche de céleri
1 grosse tomate
sel
poivre
30 ml (2 c. à s.) d'huile d'olive
2 ml (½ c. à thé) de thym séché
125 ml (½ t.) de vin blanc sec
125 ml (½ t.) de bouillon de bœuf
500 g (1 lb) de pappardelle

Préparation : 30 minutes + temps de cuisson

FARFALLES AUX BOULETTES ET LEUR SAUCE AU FROMAGE

POUR 4 PERSONNES

750 ml (3 t.) de brocoli

2 à 3 carottes

375 ml (1½ t.) de bouillon de légumes

200 g (½ lb) de viande de veau hachée

45 ml (3 c. à s.) d'huile

1 oignon

175 ml (¾ t.) de mascarpone

15 ml (1 c. à s.) de fécule de maïs

sel

poivre

15 ml (1 c. à s.) de jus de citron

2 bouquets de cerfeuil

350 g (½ lb) de farfalles

Préparation : 30 minutes + temps de cuisson

1 Nettoyer le brocoli et les carottes. Peler les carottes et couper en dés. Séparer le brocoli en fleurettes. Dans une casserole, verser le bouillon, ajouter le brocoli et les carottes et cuire 5 à 6 minutes en couvrant. Égoutter en réservant le jus de cuisson.

2 Les mains humides, façonner des petites boulettes de viande. Dans une poêle, chauffer l'huile, ajouter les boulettes et cuire 2 minutes jusqu'à ce qu'elles brunissent. Retirer de la poêle.

3 Peler l'oignon, hacher finement et faire revenir dans l'huile restée dans la poêle. Mesurer 250 ml (1 t.) de bouillon, verser dans la poêle et ajouter le mascarpone et la fécule de maïs. Porter à ébullition sans cesser de fouetter, saler, poivrer et incorporer le jus de citron.

4 Effeuiller le cerfeuil, laver et hacher. Ajouter dans la poêle et chauffer.

5 Cuire les farfalles dans de l'eau bouillante salée jusqu'à ce qu'elles soient *al dente* et égoutter. Répartir dans des assiettes chaudes, arroser de sauce et garnir de légumes et de boulettes.

SPAGHETTINIS AUX BOULETTES DE VIANDE

1 Peler l'ail et les oignons, et couper en dés. Nettoyer le piment, épépiner et couper en dés.

2 Dans une poêle, chauffer l'huile, ajouter les oignons, l'ail et le piment, et faire revenir. Ajouter les tomates concassées avec leur jus, du sel, du poivre et du paprika, couvrir et laisser mijoter 10 minutes à feu doux.

3 Mélanger les viandes hachées, incorporer l'œuf et la chapelure, et ajouter du sel, du piment de Cayenne et du paprika. Façonner des boulettes, ajouter dans la poêle et cuire 10 minutes.

4 Cuire les spaghettinis dans de l'eau bouillante salée jusqu'à ce qu'ils soient *al dente*. Ajouter les petits pois dans la poêle 5 minutes avant la fin de la cuisson des boulettes.

5 Laver la sauge, sécher et hacher. Égoutter les pâtes, rincer à l'eau froide et ajouter à la sauce. Répartir le tout dans des assiettes chaudes et garnir de sauge et de féta émiettée.

POUR 4 PERSONNES

1 gousse d'ail

2 oignons

1 piment fort rouge

15 ml (1 c. à s.) d'huile d'olive

1 boîte de tomates concassées

sel

poivre

paprika

150 g (⅓ lb) de viande d'agneau hachée

150 g (⅓ lb) de viande de bœuf hachée

1 œuf

30 ml (2 c. à s.) de chapelure

piment de Cayenne

500 g (1 lb) de spaghettini

150 ml (⅔ t.) de petits pois surgelés

½ bouquet de sauge

150 ml (⅔ t.) de féta, émiettée

Préparation : 35 minutes + temps de cuisson

INFO

La viande d'agneau est peu grasse et demande à être bien assaisonnée. L'âge et le sexe de l'animal est déterminant dans le goût : plus l'animal est jeune, plus la viande est tendre.

PÂTES CHASSEUR

POUR 4 PERSONNES

250 g (½ lb) de chevreuil

1 oignon

1 carotte

1 petit chou blanc

½ bouquet de ciboulette

15 ml (1 c. à s.) de beurre

100 g (¼ t.) de bacon, coupé en dés

250 ml (1 t.) de vin blanc sec

125 ml (½ t.) de bouillon de bœuf

15 ml (1 c. à s.) de concentré de tomate

15 ml (1 c. à s.) de thym séché

sel

poivre

5 ml (1 c. à thé) de piment en poudre

500 g (1 lb) de rigatonis

Préparation : 25 minutes + temps de cuisson

1 Laver la viande, essuyer et passer dans un hachoir. Peler l'oignon et couper en dés. Peler la carotte et couper en rondelles. Laver le chou blanc, retirer le cœur et émincer les feuilles. Laver la ciboulette, sécher et ciseler.

2 Dans une poêle, chauffer le beurre, ajouter le bacon et faire revenir. Ajouter l'oignon et cuire jusqu'à ce qu'il soit translucide. Ajouter la viande et faire revenir à feu vif. Ajouter la carotte et le chou blanc, et mélanger le tout.

3 Mélanger le vin rouge au bouillon, verser dans la poêle et ajouter le concentré de tomate, le thym, le piment, du sel et du poivre. Cuire 15 minutes à feu moyen.

4 Cuire les rigatonis dans de l'eau bouillante salée jusqu'à ce qu'ils soient *al dente* et égoutter. Répartir dans des assiettes chaudes, garnir de ragoût et parsemer de ciboulette.

TAGLIATELLES VERTES À L'ÉMINCÉ D'AGNEAU

1 Laver le filet d'agneau, sécher et émincer. Dans une poêle, chauffer l'huile, ajouter la viande et faire revenir. Poivrer, saler et retirer de la poêle.

2 Peler l'ail et l'oignon, et hacher. Ajouter dans la poêle et faire revenir. Mouiller avec le bouillon, incorporer la crème et porter à ébullition.

3 Ajouter les lentilles et cuire 8 minutes à feu moyen sans couvrir. Incorporer la fécule de maïs, mélanger et porter à ébullition.

4 Cuire les tagliatelles dans de l'eau bouillante salée jusqu'à ce qu'elles soient *al dente*.

5 Laver la ciboulette, sécher et hacher. Ajouter dans la poêle, saler et poivrer. Arroser de jus de citron et servir la viande et la sauce avec les pâtes.

POUR 4 PERSONNES

500 g (1 lb) de filet d'agneau
45 ml (3 c. à s.) d'huile
sel et poivre
1 oignon
1 gousse d'ail
250 ml (1 t.) de bouillon de légumes
250 ml (1 t.) de crème à 35 %
125 ml (½ t.) de lentilles roses
30 ml (2 c. à s.) de fécule de maïs
350 g (½ lb) de tagliatelles vertes
1 bouquet de ciboulette
5 à 10 ml (1 à 2 c. à thé) de jus de citron

Préparation : 30 minutes + temps de cuisson

TAGLIATELLES AU JAMBON DE PARME ET AU PARMESAN

POUR 4 PERSONNES

200 g (½ lb) de jambon de Parme

1 oignon vert

1 bouquet de basilic

3 tomates mûres

30 ml (2 c. à s.) de beurre

15 ml (1 c. à s.) d'huile d'olive

500 g (1 lb) de tagliatelles

sel

250 ml (1 t.) de parmesan, fraîchement râpé

poivre du moulin

Préparation : 30 minutes + temps de cuisson

1 Couper le jambon de Parme en lanières de 1 cm (⅜ po). Nettoyer l'oignon vert et couper en dés en n'utilisant que le blanc.

2 Laver le basilic, sécher et ciseler une partie en réservant l'autre pour la garniture.

3 Laver les tomates, épépiner et concasser. Dans une poêle, chauffer l'huile et le beurre, ajouter l'oignon et faire revenir jusqu'à ce qu'il soit translucide.

4 Cuire les tagliatelles dans de l'eau bouillante salée jusqu'à ce qu'elles soient *al dente* et égoutter.

5 Ajouter le jambon dans la poêle et réchauffer.

6 Transférer les pâtes dans un plat de service chaud et ajouter les tomates, le jambon, l'oignon, le basilic et le parmesan. Poivrer et servir parsemé du basilic restant et de parmesan.

PAPPARDELLE ET FILET DE BŒUF DANS LEUR SAUCE AU MASCARPONE

1 Concasser les noix. Laver les poireaux et couper le blanc et le vert en rondelles de 0,5 cm (¼ po).

2 Laver le filet de bœuf, sécher et couper en lanières de 0,5 cm (¼ po).

3 Dans une casserole, mettre le mascarpone, ajouter le vinaigre balsamique et saler. Cuire sans cesser de fouetter, ajouter les jaunes d'œufs et chauffer en veillant à ce que l'œuf ne prenne pas.

4 Dans une poêle, chauffer la moitié de l'huile, ajouter les filets de bœuf et cuire 1 à 2 minutes à feu vif. Retirer la viande de la poêle et rincer la poêle. Chauffer l'huile restante, ajouter les poireaux et cuire 4 à 5 minutes sans cesser de remuer. Ajouter les noix. Saler et poivrer la viande et les poireaux.

5 Cuire les pappardelle dans de l'eau bouillante salée jusqu'à ce qu'elles soient *al dente* et égoutter. Mélanger les pâtes, les poireaux et la viande, et napper le tout de sauce au mascarpone.

POUR 4 PERSONNES

150 ml (⅔ t.) de noix de Grenoble
2 l (8 t.) de poireaux
500 g (1 lb) de filet de bœuf
250 ml (1 t.) de mascarpone
sel
45 ml (3 c. à s.) de vinaigre balsamique
2 jaunes d'œufs
60 ml (¼ t.) d'huile
poivre blanc
500 g (1 lb) de pappardelle

Préparation : 30 minutes + temps de cuisson

TAGLIATELLES AU LAPIN

POUR 4 PERSONNES

500 g (1 lb) de tagliatelles
sel

125 ml (½ t.) de beurre aux
fines herbes

2 gousses d'ail

16 escargots de Bourgogne,
décoquillés

15 ml (1 c. à s.) de persil
plat fraîchement haché

75 ml (⅓ t.) de crème
à 35 %

poivre du moulin

2 cuisses de lapin

30 ml (2 c. à s.) d'huile

2 branches de romarin

2 filets de lapin

4 rognons de lapin

2 foies de lapin

Pour la sauce :

125 ml (½ t.) de bouillon de
bœuf

125 ml (½ t.) de crème à
35 %, plus 45 ml (3 c. à s.)

45 ml (3 c. à s.) de
tapenade d'olives noires

60 ml (¼ t.) de beurre, froid

**Préparation : 30 minutes
+ temps de cuisson**

1 Cuire les tagliatelles dans de l'eau bouillante salée jusqu'à ce qu'elles soient *al dente* et égoutter. Peler l'ail et hacher. Couper les escargots en deux. Dans une poêle, faire fondre le beurre aux fines herbes, ajouter l'ail et les escargots, et faire revenir. Incorporer les pâtes, le persil et la crème et porter à ébullition. Saler, poivrer et réserver. Préchauffer le four à 200 °C (400 °F).

2 Désosser les cuisses de lapin et saler. Dans une cocotte, chauffer l'huile, ajouter le lapin et le romarin, et faire revenir. Mettre la cocotte dans le four et cuire 12 minutes. Saler et poivrer les filets de lapin et ajouter dans la cocotte 5 minutes après le début de la cuisson. Ajouter les rognons et les foies dans la cocotte 3 minutes avant la fin de la cuisson. Sortir du four et réserver.

3 Pour la sauce, verser le bouillon et les 125 ml (½ t.) de crème dans une petite casserole, et chauffer jusqu'à ce que le mélange ait réduit de moitié. Incorporer la tapenade et retirer du feu. Ajouter progressivement le beurre froid sans cesser de fouetter. Incorporer les 45 ml (3 c. à soupe) de crème. Répartir les pâtes dans des assiettes chaudes, garnir de beurre aux escargots et passer rapidement au gril.

4 Couper la viande des cuisses en dés, répartir sur les pâtes et garnir de filets, de rognons et de foies. Napper du mélange à base de tapenade et servir.

SPAGHETTINIS BRESAOLA

1 Faire tremper les morilles dans de l'eau tiède. Cuire les spaghetti dans de l'eau bouillante salée jusqu'à ce qu'ils soient *al dente* et égoutter. Peler l'oignon et couper en dés.

2 Inciser les tomates en croix, blanchir à l'eau bouillante et monder. Épépiner et couper en dés. Rincer les morilles et égoutter. Dans une poêle, chauffer le beurre, ajouter les morilles, l'oignon et les tomates, et faire revenir. Saler et poivrer.

3 Laver les foies, sécher et couper en dés. Ajouter dans la poêle et cuire 8 minutes. Saler et poivrer.

4 Retirer les foies de la poêle et réserver au chaud. Mouiller avec le bouillon et chauffer jusqu'à obtention d'une consistance onctueuse. Couper le bresaola en lanières et incorporer dans la poêle. Répartir les pâtes dans des assiettes chaudes, napper de sauce et garnir de foies, de parmesan et de marjolaine.

POUR 4 PERSONNES

15 ml (1 c. à s.) de morilles séchées

500 g (1 lb) de spaghettini

1 oignon

4 tomates

60 ml (4 c. à s.) de beurre

sel

poivre du moulin

350 g (¾ lb) de foies de dinde

125 ml (½ t.) de bouillon de légumes

4 tranches de bresaola (viande de bœuf séchée)

175 ml (¾ t.) de parmesan, râpé

marjolaine, en garniture

Préparation : 30 minutes + temps de cuisson

PÂTES
AUX LÉGUMES

Ces recettes de pâtes aux légumes
ne feront pas l'unanimité que chez
les végétariens. Ce chapitre propose
de nombreuses sortes de légumes qui
se présentent, en combinaison avec
les pâtes, sous leur meilleur jour. Lors
de chacune des préparations, l'accent
est mis sur la saveur des légumes.
La fraîcheur et la qualité des
ingrédients sont primordiales.

SPAGHETTIS PRINTANIERS

POUR 4 PERSONNES

1 poivron rouge

1 poivron jaune

1 à 2 carottes

1 l (4 t.) de brocoli

1 bouquet de persil

1 bouquet de basilic

10 feuilles d'oseille

1 botte d'oignons verts

250 g (½ lb) de spaghettis

125 ml (½ t.) d'huile d'olive

45 ml (3 c. à s.) de jus
de citron

sel

poivre

Préparation : 45 minutes

1 Couper les poivrons en quatre, épépiner et passer au gril, partie bombée vers le haut, jusqu'à ce que la peau soit noire et se boursoufle. Transférer dans une terrine, couvrir d'un torchon humide et laisser reposer 10 minutes. Peler et couper en lanières.

2 Peler les carottes et couper en fines rondelles. Séparer le brocoli en fleurettes. Laver le persil et le basilic, sécher et effeuiller. Ciseler le basilic, le persil et l'oseille. Nettoyer les oignons verts et couper en fines rondelles.

3 Cuire les spaghettis dans de l'eau bouillante salée jusqu'à ce qu'ils soient *al dente*. Ajouter le brocoli et les carottes 4 minutes avant la fin de la cuisson. Transférer dans un plat de service et incorporer l'huile, le jus de citron, les poivrons, les oignons verts et les herbes. Saler, poivrer et servir chaud ou froid.

SPAGHETTINI À LA CITROUILLE

1 Peler la citrouille et râper la chair. Couper le poivron en quatre, épépiner et hacher. Faire griller les graines de sésame à sec. Dans une poêle, faire fondre le beurre, ajouter le poivron et la poudre de curry, et faire revenir rapidement.

2 Mouiller avec le bouillon, incorporer la crème fraîche et chauffer jusqu'à ce que la préparation épaississe. Ajouter la citrouille, couvrir

et cuire 3 minutes. Arroser de jus de citron et ajouter 1 pincée de sucre, du sel et du poivre.

3 Cuire les spaghettini dans de l'eau bouillante salée jusqu'à ce qu'ils soient *al dente* et égoutter. Transférer dans un plat de service chaud et ajouter la sauce. Laver le persil, hacher et incorporer aux pâtes avec les graines de sésame.

POUR 4 PERSONNES

400 g (1 lb) de chair de citrouille

1 poivron rouge

30 ml (2 c. à s.) de graines de sésame

30 ml (2 c. à s.) de beurre

15 à 30 ml (1 à 2 c. à s.) de poudre de curry

60 ml (¼ t.) de bouillon de légumes

175 ml (¾ t.) de crème à 35 %

15 ml (1 c. à s.) de jus de citron

sucre

sel

poivre

500 g (1 lb) de spaghettini

1 bouquet de persil plat

Préparation : 35 minutes

135

PAPPARDELLE AUX CŒURS D'ARTICHAUTS ET AUX TOMATES SÉCHÉES

1 Peler l'ail et hacher menu. Dans une poêle, chauffer 15 ml (1 c. à soupe) d'huile, ajouter l'ail et les piments, et faire revenir 2 à 3 minutes. Retirer du feu et ajouter l'huile restante. Mélanger, laisser reposer et réserver 30 ml (2 c. à soupe) d'huile aillée.

2 Égoutter les cœurs d'artichauts et couper en deux. Laver le thym et le basilic, sécher et hacher. Couper les tomates séchées en dés. Cuire les pappardelle dans de l'eau bouillante salée jusqu'à ce qu'elles soient *al dente*, rincer à l'eau froide et égoutter. Faire griller les pignons à sec.

3 Dans une autre poêle, chauffer 30 ml (2 c. à soupe) d'huile des tomates, ajouter les cœurs d'artichauts et faire revenir 4 à 5 minutes de chaque côté. Ajouter les tomates et les pâtes, et cuire encore 2 minutes. Incorporer l'huile aillée réservée, ajouter les pignons et saler. Servir garni de basilic, de thym et de parmesan frais.

POUR 4 PERSONNES

2 gousses d'ail

2 à 3 piments séchés, émiettés

125 ml (½ t.) d'huile d'olive

1 boîte de 398 ml (14 oz) de cœurs d'artichauts

4 brins de thym

½ bouquet de basilic

75 ml (⅓ t.) de tomates séchées marinées dans l'huile

500 g (1 lb) de pappardelle

sel

75 ml (⅓ t.) de pignons

75 ml (⅓ t.) de parmesan, râpé

Préparation : 45 minutes

PÂTES AU BROCOLI

POUR 4 PERSONNES

1 l (4 t.) de brocoli

15 ml (1 c. à s.) d'amandes effilées

1 oignon

500 ml (2 t.) de gorgonzola

500 g (1 lb) de chifferi rigati (coudes rayés)

sel

15 ml (1 c. à s.) d'huile d'olive

125 ml (½ t.) de crème à 35 %

poivre

noix muscade

cresson

Préparation : 35 minutes

1 Nettoyer le brocoli, laver et séparer en fleurettes. Faire griller les amandes effilées à sec. Peler l'oignon et couper en dés. Émietter le gorgonzola.

2 Cuire les chifferi rigati dans de l'eau bouillante salée jusqu'à ce qu'ils soient *al dente*. Blanchir le brocoli à l'eau bouillante 2 à 3 minutes. Rincer les pâtes et le brocoli à l'eau froide et égoutter.

3 Dans une poêle, chauffer l'huile, ajouter l'oignon et faire revenir jusqu'à ce qu'il soit translucide. Incorporer la crème et cuire jusqu'à ce qu'elle ait épaissi. Ajouter le gorgonzola et faire fondre à feu moyen. Saler, poivrer et ajouter de la noix muscade. Incorporer le brocoli et les pâtes.

4 Chauffer le tout à feu doux. Laver le cresson, sécher et couper. Servir immédiatement, garni de cresson et d'amandes effilées.

INFO

L'huile d'olive est obtenue à partir de divers procédés de trituration des olives. Il existe 4 catégories d'huile : l'huile d'olive extra vierge qui est une huile supérieure obtenue par une première pression à froid, l'huile d'olive vierge qui est extraite de la deuxième et troisième pression, l'huile d'olive lampante (*olio d'oliva*) qui est obtenue par raffinage industriel et l'huile de recense (*olio di sansa d'oliva*) provenant principalement de la partie solide des olives du premier pressurage. En Italie, chaque région a son huile d'olive typique variant selon les olives et le climat.

PÂTES AUX AUBERGINES

1 Préchauffer le four à 225 °C (450 °F). Laver les aubergines et sécher. Enduire une aubergine avec la moitié de l'huile, piquer en plusieurs endroits avec une fourchette et cuire au four 30 minutes, jusqu'à ce que la peau ait noirci. Prélever la chair et réserver. Peler l'échalote et l'ail, mettre dans un robot de cuisine et ajouter la chair d'aubergine réservée, le jus de citron et un peu d'huile d'olive, et réduire le tout en purée. Incorporer le yogourt, saler et poivrer.

2 Cuire les tagliatelles dans de l'eau bouillante salée jusqu'à ce qu'elles soient *al dente*, rincer à l'eau froide et égoutter. Émietter la ricotta. Couper la seconde aubergine en tranches. Dans une poêle, chauffer l'huile restante, ajouter les tranches d'aubergine et faire revenir des deux côtés jusqu'à ce qu'elles soient dorées.

3 Laver la ciboulette, sécher et ciseler. Mélanger les pâtes, les aubergines et le fromage. Répartir dans des assiettes chaudes, napper de sauce et garnir de ciboulette.

POUR 4 PERSONNES

2 aubergines
90 ml (6 c. à s.) d'huile
1 gousse d'ail
1 échalote
30 ml (2 c. à s.) de jus de citron
60 ml (¼ t.) d'huile d'olive
150 ml (⅔ t.) de yogourt
sel
poivre
500 g (1 lb) de tagliatelles
125 ml (½ t.) de ricotta
½ bouquet de ciboulette

Préparation : 20 minutes + temps de cuisson

INFO

La ricotta est un fromage à pâte fraîche à base de petit lait de vache et de brebis. Il est surtout utilisé pour les plats cuisinés et en pâtisserie. Il donne d'excellents résultats mélangé à d'autres ingrédients, comme ici avec les aubergines. La ricotta peut être remplacée par du fromage frais.

PENNES AUX COURGETTES ET À LA RICOTTA

1 Cuire les pennes dans de l'eau bouillante salée jusqu'à ce qu'elles soient *al dente* et égoutter. Laver les courgettes, ébouter et blanchir 2 minutes à l'eau bouillante salée. Rincer à l'eau froide et couper en rondelles de 1 cm (⅜ po). Peler l'ail et hacher menu. Laver le basilic, sécher et ciseler.

2 Dans une poêle, chauffer l'huile, ajouter les courgettes et faire revenir 1 minute. Incorporer l'ail. Mélanger les pennes, les courgettes, le basilic et la ricotta, saler et poivrer. Servir saupoudré de parmesan.

POUR 4 PERSONNES

500 g (1 lb) de pennes

sel

8 à 10 petites courgettes

4 gousses d'ail

1 bouquet de basilic

30 à 45 ml (2 à 3 c. à s.) d'huile d'olive

350 ml (1½ t.) de ricotta, émiettée

poivre

75 ml (⅓ t.) de parmesan, râpé

Préparation : 15 minutes

143

PENNES AUX ASPERGES ET AUX TOMATES

POUR 4 PERSONNES

1 botte d'oignons verts

30 ml (2 c. à s.) d'huile d'olive

796 ml (28 oz) de tomates concassées en boîte

sel

poivre

1 l (4 t.) d'asperges vertes

500 g (1 lb) de pennes

½ bouquet de basilic

15 ml (1 c. à s.) de beurre

60 ml (¼ t.) de parmesan frais râpé

Préparation : 30 minutes + temps de cuisson

1 Nettoyer les oignons verts et couper en tronçons. Dans une casserole, chauffer l'huile d'olive, ajouter les oignons verts et faire revenir jusqu'à ce qu'ils soient translucides. Ajouter les tomates et cuire 7 minutes à feu moyen, jusqu'à ce que la préparation épaississe légèrement. Saler et poivrer.

2 Laver les asperges, retirer les extrémités dures et peler. Couper en tronçons de 4 cm (1 ⅝ po) environ, cuire à l'eau bouillante salée jusqu'à ce qu'elles soient *al dente* et égoutter.

3 Cuire les pennes dans l'eau des asperges jusqu'à ce qu'elles soient *al dente* et égoutter. Laver le basilic, sécher et ciseler.

4 Ajouter le beurre à la sauce, incorporer les asperges et le basilic, et rectifier l'assaisonnement. Laisser mijoter encore 3 minutes. Répartir les pâtes dans des assiettes chaudes, napper de sauce et saupoudrer de parmesan.

CONSEIL

Pour plus de saveur, il est possible d'utiliser des asperges sauvages.

TAGLIATELLES À LA ROQUETTE

1 Mélanger la semoule, la farine, du sel et un peu d'eau, pétrir jusqu'à obtention d'une pâte et abaisser finement sur un plan fariné. Découper des tagliatelles.

2 Transférer les pâtes fraîches sur une plaque de four farinée, couvrir d'un torchon et laisser sécher un peu. Inciser les tomates en croix, blanchir à l'eau bouillante et monder. Épépiner et couper en dés. Peler l'ail et l'oignon, et couper en dés.

3 Dans une poêle, chauffer l'huile, ajouter l'oignon et l'ail, et faire revenir. Ajouter les tomates, saler et poivrer. Cuire 10 minutes à feu moyen.

4 Laver la roquette, sécher et hacher grossièrement. Ajouter à la sauce et réchauffer 2 à 3 minutes. Émietter le gorgonzola et couper le parmesan en copeaux.

5 Cuire les tagliatelles dans de l'eau bouillante salée jusqu'à ce qu'elles soient *al dente* et égoutter. Ajouter à la sauce, répartir dans des assiettes chaudes et parsemer de gorgonzola et de parmesan.

POUR 4 PERSONNES

45 ml (3 c. à s.) de semoule de blé dur

500 ml (2 t.) de farine

sel

3 grosses tomates

2 gousses d'ail

1 oignon

30 ml (2 c. à s.) d'huile d'olive

poivre

1 l (4 t.) de roquette

250 ml (1 t.) de gorgonzola

125 ml (½ t.) de parmesan

Préparation : 45 minutes
+ temps de cuisson
+ temps de repos

TAGLIATELLES À LA SAUCE AUX ÉPINARDS ET AU GORGONZOLA

POUR 4 PERSONNES

8 oignons

60 ml (¼ t.) de beurre

1 l (4 t.) d'épinards
surgelés

500 g (1 lb) de tagliatelles

sel

125 ml (½ t.) de crème
à 35 %

30 ml (2 c. à s.) de vin blanc

250 ml (1 t.) de gorgonzola

poivre

noix muscade fraîchement
râpée

Préparation : 30 minutes

1 Peler les oignons et couper en dés. Dans une poêle, chauffer le beurre, ajouter les oignons et faire revenir jusqu'à ce qu'ils soient translucides. Ajouter les épinards non décongelés, couvrir et cuire 10 minutes en feu moyen en remuant plusieurs fois.

2 Cuire les tagliatelles dans de l'eau bouillante salée jusqu'à ce qu'elles soient *al dente* et égoutter.

3 Incorporer la crème, le vin blanc et la moitié du gorgonzola aux épinards, transférer le tout dans un robot de cuisine et réduire en purée.

4 Saler, poivrer et ajouter de la noix muscade. Servir les pâtes nappées de sauce et garni du gorgonzola restant.

GNOCCHETTI SARDI AUX FLAGEOLETS

1 Cuire les flageolets 6 minutes à l'eau bouillante salée, rincer à l'eau froide et égoutter. Monder les flageolets. Couper la pancetta en dés. Peler l'ail et hacher. Laver la roquette, essorer et ciseler. Émietter la féta.

2 Cuire les gnocchetti sardi dans de l'eau bouillante salée jusqu'à ce qu'ils soient *al dente* et égoutter. Dans une poêle, chauffer l'huile, ajouter la pancetta et faire revenir jusqu'à ce qu'elle soit bien grillée. Ajouter les flageolets et l'ail, saler et poivrer.

3 Transférer la préparation à base de flageolets et les pâtes dans un plat de service chaud, parsemer de poivre concassé et servir immédiatement.

POUR 4 PERSONNES

500 ml (2 t.) de flageolets
sel

200 g (½ lb) de pancetta

3 gousses d'ail

2 bottes de roquette

200 g (½ lb) de féta

500 g (1 lb) de gnocchetti sardi

15 ml (1 c. à s.) d'huile d'olive

grains de poivre concassés

Préparation : 40 minutes

INFO

La roquette est originaire d'Asie et appartient à la même famille que la moutarde et le raifort. Sa saveur poivrée – plus elle est jeune, plus elle est forte – n'est pas du goût de tous. Cependant, en la mélangeant à des légumes, elle apporte du piquant.

SPAGHETTIS AUX PLEUROTES ET AU ROMARIN

POUR 4 PERSONNES

500 g (1 lb) de spaghettis
sel
750 ml (3 t.) de pleurotes
1 brin de romarin
poivre
75 ml (⅓ t.) de beurre
175 ml (¾ t.) de parmesan
30 ml (2 c. à s.) d'huile
d'olive pressée à froid

**Préparation : 10 minutes
+ temps de cuisson**

1 Cuire les spaghettis dans de l'eau bouillante salée jusqu'à ce qu'ils soient *al dente* et égoutter en réservant 30 ml (2 c. à soupe) d'eau de cuisson.

2 Brosser les champignons et émincer.

3 Laver le romarin, sécher et hacher finement les feuilles.

4 Mélanger les pâtes, le romarin, le beurre et l'eau de cuisson réservée, saler et poivrer. Râper le parmesan au-dessus des pâtes et incorporer.

5 Répartir les pâtes dans des assiettes chaudes, garnir de pleurotes et arroser d'huile d'olive. Servir immédiatement.

CONSEIL

Il est possible de remplacer les pleurotes par des girolles fraîches revenues à la poêle dans du beurre.

TORTELLINIS AUX CHAMPIGNONS

POUR 4 PERSONNES

500 g (1 lb) de tortellinis

sel

500 ml (2 t.) de champignons

1 petit citron non traité

60 ml (¼ t.) de beurre

1 gousse d'ail, hachée

300 ml (1¼ t.) de crème à 35 %

1 pincée de noix muscade

poivre du moulin

45 ml (3 c. à s.) de parmesan fraîchement râpé

Préparation : 25 minutes

1 Dans une casserole, cuire les tortellinis dans de l'eau bouillante salée jusqu'à ce qu'ils soient *al dente* et égoutter. Remettre dans la casserole et réserver au chaud.

2 Brosser les champignons et émincer. Râper le zeste de citron.

3 Dans une cocotte, faire fondre le beurre, ajouter les champignons et faire revenir 2 minutes à feu moyen.

4 Ajouter l'ail, la crème, le zeste de citron et la noix muscade, poivrer et rectifier l'assaisonnement. Incorporer le parmesan et laisser mijoter 3 minutes.

5 Incorporer la sauce aux pâtes, répartir le tout dans des assiettes chaudes et poivrer. Servir immédiatement.

BUCATINI À LA TAPENADE

POUR 4 PERSONNES

500 g (1 lb) de bucatini

sel

20 olives vertes
aux herbes

4 anchois à l'huile

1 gousse d'ail

90 ml (6 c. à s.) d'huile
d'olive

15 ml (1 c. à s.) de cognac

15 ml (1 c. à s.) de jus
de citron

5 ml (1 c. à thé) d'origan
séché

poivre

3 grosses tomates

398 ml (14 oz) de cœurs
d'artichauts en boîte

Préparation : 30 minutes

1 Cuire les bucatini dans
de l'eau bouillante salée
jusqu'à ce qu'ils soient
al dente et égoutter.

2 Dénoyauter les olives
et émincer. Rincer les
anchois et sécher. Peler l'ail.
Mélanger les olives, l'ail et
les anchois, ajouter 30 ml
(2 c. à soupe) d'huile et
réduire en purée.

3 Incorporer encore 30 ml
(2 c. à soupe) d'huile
d'olive, le cognac, le jus
de citron et l'origan, saler
et poivrer.

4 Inciser les tomates
en croix, blanchir à l'eau
bouillante et monder. Épépiner
et couper en dés. Égoutter
les cœurs d'artichauts et couper
en quatre.

5 Dans une poêle, chauffer
l'huile d'olive restante,
ajouter les tomates et faire
revenir brièvement. Incorporer
les artichauts, saler et poivrer.
Ajouter les pâtes dans la
poêle et réchauffer à feu
doux. Servir immédiatement
avec la tapenade à part.

TAGLIATELLES AUX MORILLES

1 Faire tremper les morilles fraîche 5 minutes dans de l'eau froide ou faire tremper les morilles séchées à couvert 30 minutes dans de l'eau tiède. Rincer soigneusement chaque morille à l'eau courante. Couper les plus grosses en deux ou en quatre, et bien égoutter sur un torchon.

2 Dans une sauteuse, chauffer le beurre, ajouter les morilles et faire revenir 10 minutes. Ajouter le Marsala et la crème progressivement, et laisser mijoter jusqu'à ce que la crème ait un peu épaissi. Saler, poivrer et arroser de jus de citron.

3 Cuire les tagliatelles dans de l'eau bouillante salée jusqu'à ce qu'elles soient *al dente* et égoutter. Ajouter les pâtes dans la sauteuse, mélanger et répartir dans des assiettes chaudes.

POUR 4 PERSONNES

500 ml (2 t.) de morilles fraîches ou déshydratées

30 ml (2 c. à s.) de beurre

250 ml (1 t.) de crème à 35 %

15 ml (1 c. à s.) de Marsala

sel

poivre du moulin

jus de ½ citron

500 g (1 lb) de tagliatelles fraîches

Préparation : 25 minutes + temps de cuisson

CONSEIL

Il faut nettoyer méticuleusement les morilles car elles peuvent renfermer du sable dans leurs alvéoles et gâcher la dégustation !

TAGLIATELLES AUX POIVRONS ET AU CITRON VERT

1 Couper les poivrons en deux, épépiner et passer au gril, partie bombée vers le haut, jusqu'à ce que la peau soit noire et se boursoufle. Couvrir d'un torchon humide, laisser tiédir et peler. Couper la chair en lanières de 2 cm (¾ po).

2 Couper le piment en deux, épépiner et couper en lanières. Peler l'ail et hacher. Laver le persil, sécher et hacher.

3 Cuire les tagliatelles dans de l'eau bouillante salée jusqu'à ce qu'elles soient *al dente* et égoutter.

4 Dans une poêle, chauffer le beurre, ajouter l'ail et le piment, et faire revenir 1 à 2 minutes. Ajouter les poivrons, saler et poivrer. Incorporer le persil haché.

5 Ajouter les pâtes, mélanger et répartir dans des assiettes chaudes. Couper la lime en quartiers, garnir les assiettes et arroser d'un peu de jus de citron vert.

POUR 4 PERSONNES

1 poivron rouge
1 poivron jaune
1 poivron vert
1 piment rouge
3 gousses d'ail
½ bouquet de persil plat
500 g (1 lb) de tagliatelles
sel
60 ml (¼ t.) de beurre
poivre
1 lime

**Préparation : 40 minutes
+ temps de cuisson
+ temps de repos**

TAGLIATELLES VERTES À LA SAUGE ET AUX TOMATES

POUR 4 PERSONNES

6 tomates

6 gousses d'ail

3 échalotes

30 ml (2 c. à s.) d'huile d'olive

sel

poivre

500 g (1 lb) de tagliatelles vertes

1 petit brin de romarin

90 ml (6 c. à s.) de beurre

20 feuilles de sauge fraîche, finement hachées

250 ml (1 t.) de parmesan, râpé

Préparation : 40 minutes + temps de cuisson

1 Inciser les tomates en croix, blanchir à l'eau bouillante et monder. Épépiner et concasser.

2 Peler 2 gousses d'ail et émincer finement. Peler les échalotes et couper en dés. Dans une poêle, chauffer l'huile, ajouter les gousses d'ail émincées et les échalotes, et faire revenir jusqu'à ce qu'elles soient translucides. Ajouter les tomates et laisser mijoter 30 minutes à feu moyen. Saler et poivrer.

3 Cuire les tagliatelles dans de l'eau bouillante salée jusqu'à ce qu'elles soient *al dente* et égoutter. Peler l'ail restant et émincer. Laver le romarin, effeuiller et hacher grossièrement. Dans une autre poêle, chauffer le beurre, ajouter l'ail, le romarin et la sauge, et chauffer jusqu'à ce que le mélange soit mousseux. Stopper la cuisson.

4 Répartir les pâtes dans des assiettes chaudes, napper de sauce tomate et saupoudrer de parmesan. Arroser de beurre de sauge chaud et servir.

FETTUCCINES AUX POIREAUX

1 Nettoyer les poireaux et couper en fines rondelles. Brosser les champignons, retirer les pieds et les émincer finement.

2 Cuire les fettuccines dans de l'eau bouillante salée jusqu'à ce qu'elles soient *al dente*, égoutter et réserver au chaud.

3 Dans une poêle, chauffer le beurre, ajouter les

poireaux et les champignons, et cuire 5 minutes à feu vif sans cesser de remuer. Saler, poivrer et ajouter le piment de Cayenne. Mouiller avec le vin blanc, incorporer la crème et laisser mijoter 6 à 8 minutes. Ajouter de la noix muscade.

4 Incorporer les pâtes à la sauce, répartir dans des assiettes chaudes et servir avec le parmesan à part.

POUR 4 PERSONNES

2 poireaux

1 l (4 t.) de champignons

250 g (½ lb) de fettuccines

sel

30 ml (2 c. à s.) de beurre

poivre du moulin

1 pincée de piment de Cayenne

125 ml (½ t.) de vin blanc sec

250 ml (1 t.) de crème à 35 %

noix muscade fraîchement râpée

250 ml (1 t.) de parmesan, fraîchement râpé

Préparation : 25 minutes

TAGLIATELLES VERTES AUX CHAMPIGNONS

1 Laver les champignons, essuyer et émincer. Peler les oignons, couper en deux et émincer.

2 Couper le bacon en allumettes. Dans une poêle, chauffer l'huile, ajouter le bacon et faire revenir. Ajouter les oignons et faire revenir jusqu'à ce qu'ils soient translucides.

3 Ajouter les champignons et cuire jusqu'à ce que leur eau se soit évaporée.

4 Cuire les tagliatelles dans de l'eau bouillante salée jusqu'à ce qu'elles soient *al dente* et égoutter.

5 Ajouter la crème dans la poêle, mouiller avec le bouillon et cuire 5 minutes. Saler et poivrer.

6 Laver le basilic, sécher et hacher. Incorporer à la sauce, ajouter les pâtes et servir, râpé de parmesan.

POUR 4 PERSONNES

1 l (4 t.) de champignons

6 à 9 oignons

150 g (⅓ lb) de bacon

15 ml (1 c. à s.) d'huile

500 g (1 lb) de tagliatelles vertes

sel

375 ml (1½ t.) de crème à 35 %

250 ml (1 t.) de bouillon

poivre du moulin

1 bouquet de basilic

125 ml (½ t.) de parmesan, râpé

Préparation : 35 minutes

INFO

Les champignons de couche sont les plus utilisés en cuisine. Il existe 30 000 sortes différentes de champignons dans le monde. Lors de l'achat, la coupe du pied et les lamelles du chapeau doivent être gris clair à rose en passant par la couleur chocolat et doivent toujours être secs.

SPAGHETTIS AUX LÉGUMES

POUR 4 PERSONNES

2 carottes
1 courgette
500 g (1 lb) de spaghettis
sel
1 citron non traité
2 gousses d'ail
½ bouquet de basilic
1 avocat bien mûr
45 ml (3 c. à s.) d'huile
d'olive
15 ml (1 c. à s.) de cognac
poivre
125 ml (½ t.) de crème
à 35 %

Préparation : 35 minutes

1 Laver les carottes, peler et couper en julienne. Peler la courgette, laver et couper en julienne.

2 Cuire les spaghettis dans de l'eau bouillante salée jusqu'à ce qu'ils soient *al dente* et égoutter.

3 Rincer le citron à l'eau chaude, sécher et prélever le zeste à l'aide d'un zesteur. Peler l'ail et couper en dés. Nettoyer le basilic, sécher et hacher menu. Couper l'avocat en deux, retirer le noyau et réduire la chair en purée à l'aide d'une fourchette.

4 Dans une poêle, chauffer l'huile, ajouter l'ail et faire revenir. Ajouter la julienne de carottes et cuire 2 minutes. Ajouter la julienne de courgette et cuire brièvement. Déglacer au cognac et ajouter l'avocat. Saler, poivrer et incorporer la crème. Ajouter les pâtes, mélanger et répartir le tout dans des assiettes chaudes. Garnir de basilic et de zeste de citron, et servir immédiatement.

INFO

La courgette est originaire du Nouveau Monde. Les petites courgettes, longues de 15 à 20 cm (6 à 8 po) sont les plus tendres. Les grosses courgettes contiennent beaucoup d'eau et ne conviennent que pour les soupes.

CONCHIGLIE AUX LÉGUMES

1 Laver les courgettes et les aubergines, ébouter et couper en rondelles de 0,5 cm (¼ po) d'épaisseur. Saler et laisser dégorger 20 minutes.

2 Brosser les champignons et émincer. Rincer les courgettes et les aubergines, et bien sécher.

3 Laver le persil et hacher menu. Peler l'ail, hacher et écraser avec le plat de la lame d'un couteau.

4 Dans une poêle, chauffer l'huile d'olive, ajouter l'ail et le persil, et faire revenir brièvement. Ajouter les courgettes, les aubergines et les champignons, et cuire jusqu'à ce qu'ils soient dorés. Ajouter l'origan, saler et poivrer. Cuire à feu doux sans cesser de remuer.

5 Cuire les conchiglie dans de l'eau bouillante salée jusqu'à ce qu'elles soient *al dente* et égoutter.

6 Rectifier l'assaisonnement des légumes, ajouter aux pâtes et transférer le tout dans un plat de service chaud. Saupoudrer de parmesan et servir immédiatement.

POUR 4 PERSONNES

4 petites courgettes
2 petites aubergines
sel
375 ml (1½ t.) de champignons
1 bouquet de persil
1 gousse d'ail
60 ml (¼ t.) d'huile d'olive
10 ml (2 c. à thé) d'origan
poivre
500 g (1 lb) de conchiglie
parmesan, fraîchement râpé

Préparation : 30 minutes + temps de repos

PENNES AUX ASPERGES VERTES

POUR 4 PERSONNES

500 g (1 lb) d'asperges
vertes
1 oignon
50 g (⅛ lb) de jambon cru
30 ml (2 c. à s.) de beurre
¼ de piment séché
350 g (¾ lb) de pennes
175 ml (¾ t.) de crème
à 35 %
15 ml (1 c. à s.) de
concentré de tomate
sel
poivre
½ bouquet de persil, haché

Préparation : 30 minutes

1 Laver les asperges, retirer les parties vertes et couper en biseau. Peler l'oignon et couper en dés. Couper le jambon en dés.

2 Dans une grande poêle, chauffer le beurre, ajouter l'oignon et le jambon, et faire revenir. Ajouter les asperges et le piment, et chauffer jusqu'à ce qu'ils soient saisis. Cuire les pennes dans de l'eau bouillante salée jusqu'à ce qu'elles soient *al dente* et égoutter.

3 Ajouter la crème et le concentré de tomate dans la poêle et cuire jusqu'à ce que la préparation ait légèrement épaissi. Incorporer les pâtes, saler et poivrer. Réchauffer le tout rapidement, transférer dans des assiettes chaudes et parsemer de persil haché.

TAGLIATELLES ET LEUR SAUCE AU BROCOLI ET AU FROMAGE FRAIS

1 Nettoyer le brocoli, séparer en fleurettes et hacher la tige. Chauffer le bouillon, ajouter les fleurettes et cuire 4 minutes dans le bouillon. Égoutter en réservant le bouillon.

2 Peler l'oignon et couper en dés. Dans une poêle, faire fondre le beurre, ajouter l'oignon et le brocoli haché, et faire revenir. Déglacer avec 500 ml (2 t.) du bouillon, couvrir et cuire 8 minutes.

3 Cuire les tagliatelles dans de l'eau bouillante salée jusqu'à ce qu'elles soient *al dente* et égoutter.

4 Réduire le brocoli en purée dans le bouillon, incorporer le fromage à la crème et 75 ml (⅓ t.) de parmesan, et ajouter les fleurettes de brocoli. Porter de nouveau à ébullition, saler et poivrer. Ajouter les pâtes, mélanger et répartir dans des assiettes chaudes. Saupoudrer de poivre et du parmesan restant, et servir.

POUR 4 PERSONNES

500 g (1 lb) de brocoli

600 ml (2⅓ t.) de bouillon de légumes

1 oignon

15 ml (1 c. à s.) de beurre

250 g (½ lb) de tagliatelles

sel

125 ml (½ t.) de fromage à la crème aux fines herbes

125 ml (½ t.) de parmesan, fraîchement râpé

poivre

Préparation : 25 minutes

LINGUINE À LA CRÈME DE BROCOLI AUX PISTACHES

POUR 4 PERSONNES

1 l (4 t.) de brocoli
sel
poivre
1 échalote
30 ml (2 c. à s.) d'huile
d'olive
375 ml (1½ t.) de bouillon
de légumes
125 ml (½ t.) de crème
à 35 %
175 ml (¾ t.) de pistaches,
hachées
15 ml (1 c. à s.) de jus
de citron
30 ml (2 c. à s.) de câpres
500 g (1 lb) de linguine
vertes

Préparation : 30 minutes

1 Nettoyer le brocoli, séparer en fleurettes et cuire dans de l'eau bouillante 5 minutes. Rincer à l'eau froide et égoutter. Peler l'échalote et couper en dés. Dans une poêle, chauffer l'huile, ajouter l'échalote et faire revenir jusqu'à ce qu'elle soit translucide. Hacher grossièrement un quart des fleurettes de brocoli et ajouter à l'échalote.

2 Mouiller avec le bouillon, incorporer la crème et la moitié des pistaches, et porter le tout rapidement à ébullition. Retirer du feu et réduire en purée. Saler, poivrer et ajouter le jus de citron, le brocoli restant et la moitié des câpres. Mélanger et réchauffer le tout.

3 Cuire les linguine dans de l'eau bouillante salée jusqu'à ce qu'elles soient *al dente* et égoutter. Ajouter à la sauce, répartir dans des assiettes chaudes, garnir des pistaches et des câpres restantes, et servir immédiatement.

PÂTES À LA SAUGE

1 Râper le fromage. Cuire les fettuccines dans de l'eau bouillante salée jusqu'à ce qu'elles soient *al dente* et égoutter.

2 Laver la sauge, sécher et ciseler. Dans une poêle, chauffer le beurre, ajouter la sauge et faire rissoler.

3 Ajouter les pâtes dans la poêle et chauffer jusqu'à ce qu'elles soient saisies. Transférer dans un plat de service chaud, incorporer le fromage et saupoudrer de poivre.

POUR 4 PERSONNES

250 ml (1 t.) de fromage à pâte dure et fruitée, râpé
250 g (½ lb) de fettuccines
10 feuilles de sauge fraîches
30 ml (2 c. à s.) de beurre
poivre

Préparation : 25 minutes

CONSEIL

À défaut de sauge fraîche, il est possible d'utiliser de la sauge séchée. Il faudra toutefois revoir les quantités utilisées car son goût est puissant.

BUCATINI DU DIABLE

POUR 4 PERSONNES

4 piments forts rouges

1 oignon

1 gousse d'ail

30 ml (2 c. à s.) de mélange de romarin, sauge, basilic

15 ml (1 c. à s.) d'huile pimentée

45 ml (3 c. à s.) d'huile d'arachide

250 ml (1 t.) de tomates concassées

sel

piment de Cayenne

500 ml (2 t.) de bouillon de poulet

75 ml (⅓ t.) de jus de raisin rouge

15 ml (1 c. à s.) de vinaigre de cidre

30 ml (2 c. à s.) de câpres

45 ml (3 c. à s.) de crème à 35 %

sauce pimentée (facultatif)

500 g (1 lb) de bucatini

Préparation : 15 minutes + temps de cuisson

1 Nettoyer les piments, épépiner et couper en petits dés.

2 Peler l'oignon et l'ail, et couper en dés. Dans une poêle, chauffer l'huile pimentée et l'huile d'arachide, ajouter les piments, l'oignon, l'ail et les herbes, et faire revenir jusqu'à ce que l'oignon soit translucide. Incorporer les tomates, saler et ajouter du piment de Cayenne.

3 Mouiller avec le bouillon, le jus de raisin et le vinaigre de cidre, ajouter les câpres et cuire 10 minutes à feu moyen.

4 Incorporer la crème et ajouter de la sauce pimentée à volonté. Cuire les bucatini dans de l'eau bouillante salée jusqu'à ce qu'ils soient *al dente* et égoutter. Répartir la sauce sur les pâtes et servir.

TAGLIATELLES AUX ASPERGES VERTES

1 Laver les asperges et retirer les parties dures. Dans une casserole, chauffer le bouillon, ajouter les asperges et cuire 8 minutes à feu moyen.

2 Peler les échalotes et hacher. Mélanger le vinaigre, 80 à 100 ml (5 à 6 c. à soupe) du bouillon, la moutarde, le zeste de citron et les herbes. Saler, poivrer et sucrer. Ajouter les échalotes, mélanger et chauffer le tout à feu doux.

3 Réserver la sauce au chaud. Cuire les tagliatelles dans de l'eau bouillante salée jusqu'à ce qu'elles soient *al dente* et égoutter. Incorporer le safran à l'huile d'olive et ajouter aux pâtes.

4 Répartir les pâtes dans des assiettes, garnir d'asperges et arroser de sauce chaude. Servir aussitôt.

POUR 4 PERSONNES

1,5 kg (3 lb) d'asperges vertes
1 litre (4 t.) de bouillon de légumes
5 échalotes
75 ml (⅓ t.) de vinaigre de framboise
30 ml (2 c. à s.) de moutarde douce
15 à 30 ml (1 à 2 c. à s.) de zeste de citron
30 ml (2 c. à s.) d'un mélange de persil, de ciboulette et de cerfeuil
sel, poivre et sucre
350 g (¾ lb) de tagliatelles
1 à 2 pincées de stigmates de safran
30 à 45 ml (2 à 3 c. à s.) d'huile d'olive

Préparation : 35 minutes

PÂTES
AU FOUR

Lorsqu'on pense à des pâtes au four, ce sont les lasagnes qui viennent à l'esprit. Pourtant, les recettes de pâtes gratinées sont légion. Quoi de plus appétissant qu'un plat grésillant tout droit sorti du four ? Parfaites pour un repas en famille ou entre amis, ces recettes sont très simples à préparer.

ROULEAUX DE PÂTES

POUR 4 PERSONNES

8 lasagnes

sel

poivre

184 g (6,5 oz) de thon
en boîte

1 botte d'oignons verts

2 gousses d'ail

1 botte de cerfeuil

500 ml (2 t.) de fromage à
la crème

2 œufs

300 ml (1¼ t.) de parmesan,
fraîchement râpé

**Préparation : 45 minutes
+ temps de cuisson**

1 Cuire les lasagnes dans
de l'eau bouillante salée
jusqu'à ce qu'elles soient
al dente, rincer à l'eau froide
et égoutter. Réserver. Égoutter
le thon et émietter à l'aide
d'une fourchette.

2 Laver les oignons verts,
sécher et couper en fines
rondelles. Peler l'ail et hacher
finement. Laver le cerfeuil,
sécher et hacher menu.
Mélanger le fromage à la
crème, les œufs et 125 ml
(½ t.) de parmesan, incorporer
les oignons verts, l'ail et le
cerfeuil, saler et poivrer le
tout.

3 Préchauffer le four
à 180 °C (350 °F). Répartir
le mélange obtenu sur les
lasagnes et rouler. Couper
les rouleaux en tronçons
épais et répartir dans
un plat à gratin graissé.
Saupoudrer du reste de
parmesan et cuire au four
15 minutes, jusqu'à ce
que les rouleaux soient
gratinés.

CONSEIL

Il est possible
de remplacer le cerfeuil
par du persil plat.

178

NID DE PÂTES

1 Cuire les spaghettis dans de l'eau bouillante salée jusqu'à ce qu'ils soient *al dente*, rincer à l'eau froide et égoutter.

2 Inciser les tomates en croix, blanchir à l'eau bouillante et monder. Épépiner et couper en dés.

3 Laver la roquette, sécher et couper en lanières. Couper le jambon blanc en dés. Peler l'ail et hacher.

4 Préchauffer le four à 200 °C (400 °F). Dans une poêle, chauffer l'huile, ajouter le jambon et faire revenir. Ajouter les tomates, la roquette et l'ail, et cuire rapidement jusqu'à ce qu'ils soient saisis. Saler, poivrer et incorporer le paprika.

5 Répartir les pâtes en petits nids dans un plat à gratin graissé et garnir les nids de préparation à base de tomates. Couper le fromage en dés et répartir sur les nids. Cuire au four jusqu'à ce que le fromage ait fondu et que les nids soient gratinés.

POUR 4 PERSONNES

sel
poivre
350 g (¾ lb) de spaghettis
500 g (1 lb) de tomates
1 l (4 t.) de roquette
150 g (⅓ lb) de jambon blanc
2 gousses d'ail
15 ml (1 c. à s.) d'huile d'olive
5 ml (1 c. à thé) de paprika fort
250 g (½ lb) de fontina

Préparation : 45 minutes + temps de cuisson

GRATIN DE RIGATONIS À LA ROQUETTE

1 Cuire les rigatonis dans de l'eau bouillante salée jusqu'à ce qu'ils soient *al dente*, rincer à l'eau froide et égoutter.

2 Couper le jambon en lanières. Peler l'oignon et l'ail, et hacher finement. Dans une casserole, chauffer l'huile, ajouter l'oignon et faire revenir jusqu'à ce qu'il soit doré. Ajouter le jambon et l'ail, et cuire jusqu'à ce qu'ils soient saisis. Réserver.

3 Préchauffer le four à 200 °C (400 °F). Écraser le gorgonzola et ajouter les œufs et la crème. Saler, poivrer et incorporer de la noix muscade.

4 Incorporer les pâtes à la préparation à base de jambon et répartir le tout dans un plat à gratin graissé. Napper de sauce au fromage, lisser la surface et cuire au four 30 minutes.

5 Laver la roquette, sécher et effeuiller grossièrement. Faire griller les pignons à sec.

6 Sortir le gratin du four, garnir de roquette et parsemer de copeaux de parmesan et de pignons.

POUR 4 PERSONNES

250 g (½ lb) de rigatonis
sel
150 g (⅓ lb) de jambon de Parme
1 oignon
2 gousses d'ail
15 ml (1 c. à s.) d'huile d'olive
100 g (¼ lb) de gorgonzola
3 œufs
250 ml (1 t.) de crème à 35 %
poivre
noix muscade, râpée
2 l (8 t.) de roquette
45 ml (3 c. à s.) de pignons
125 ml (½ t.) de parmesan

Préparation : 30 minutes + temps de cuisson

181

SPAGHETTIS GRATINÉS

POUR 4 PERSONNES

1 l (4 t.) de bettes à cardes

375 ml (1½ t.) de tomates cerises

2 oignons

2 gousses d'ail

250 ml (1 t.) de gouda

45 ml (3 c. à s.) d'huile d'olive

sel

poivre

5 ml (1 c. à thé) de romarin haché

5 ml (1 c. à thé) de thym séché

350 g (¾ lb) de spaghettis

30 ml (2 c. à s.) de beurre

**Préparation : 45 minutes
+ temps de cuisson**

1 Parer les bettes, laver, sécher et effeuiller. Laver les tomates, sécher et couper en deux. Peler les oignons et l'ail, et hacher menu. Râper le gouda.

2 Préchauffer le four à 200 °C (400 °F). Dans une poêle, chauffer l'huile, ajouter l'ail et les oignons, et faire revenir jusqu'à ce qu'ils soient translucides. Ajouter les bettes et cuire jusqu'à ce qu'elles aient flétri. Incorporer les tomates et faire revenir rapidement sans cesser de remuer jusqu'à ce qu'elles soient saisies. Saler, poivrer et incorporer romarin et thym.

3 Cuire les spaghettis dans de l'eau bouillante salée jusqu'à ce qu'ils soient *al dente* et égoutter.

4 Mélanger les pâtes, le gouda et le mélange à base de tomates. Répartir le tout dans un plat à gratin graissé, garnir de noix de beurre et cuire au four 20 minutes, jusqu'à ce que les spaghettis soient gratinés. Sortir du four et servir immédiatement.

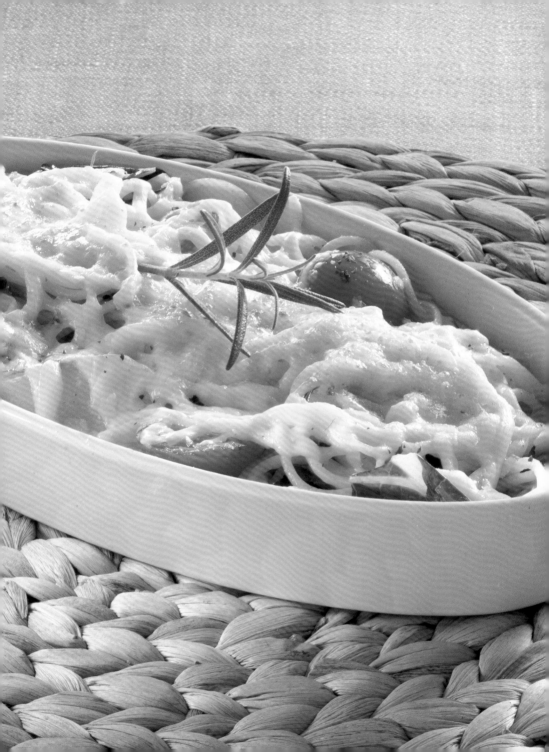

LASAGNES AU CHOU

POUR 4 PERSONNES

500 g (1 lb) de chou
sel et poivre
30 ml (2 c. à s.) d'huile
d'olive
1 oignon
1 carotte
400 g (1 lb) de viande
hachée (porc et bœuf)
5 ml (1 c. à thé) de
thym séché
796 ml (28 oz) de tomates
concassées en boîte
30 ml (2 c. à s.) de beurre
60 ml (¼ t.) de farine
500 ml (2 t.) de vin blanc
125 ml (½ t.) de lait
500 g (1 lb) de lasagnes
475 ml (1¾ t.) de féta,
émiettée

**Préparation : 30 minutes
+ temps de cuisson**

1 Parer le chou, laver et couper en lanières. Blanchir 5 minutes à l'eau bouillante salée.

2 Peler la carotte et l'oignon. Couper la carotte en dés et hacher l'oignon. Dans une poêle, chauffer l'huile, ajouter l'oignon et faire revenir. Ajouter la carotte et la viande hachée, et bien cuire le tout. Incorporer le thym et les tomates, saler et poivrer.

3 Dans une casserole, faire fondre le beurre, ajouter la farine et mélanger jusqu'à obtention d'un roux. Mouiller avec le vin et cuire jusqu'à ce que le mélange épaississe. Incorporer le lait et saler. Préchauffer le four à 200 °C (400 °F).

4 Mélanger la préparation à base de viande et le chou, répartir dans un plat à gratin graissé en alternant avec la sauce, les lasagnes et la féta. Cuire au four 40 minutes jusqu'à ce que les lasagnes soient bien dorées.

LASAGNES AUX AUBERGINES

1 Parer les aubergines et cuire à l'eau bouillante salée 10 minutes. Égoutter et couper en tranches dans la longueur. Mélanger la moitié de l'huile d'olive, le jus de citron et le basilic, poivrer et enduire les aubergines du mélange obtenu.

2 Peler l'oignon et hacher. Dans une poêle, chauffer l'huile, ajouter l'oignon et faire revenir jusqu'à ce qu'il soit translucide. Ajouter la viande et faire revenir. Incorporer le thym et les tomates, saler et poivrer.

3 Dans une casserole, faire fondre le beurre, ajouter la farine et mélanger jusqu'à obtention d'un roux. Mouiller avec le vin et cuire jusqu'à ce que le mélange épaississe. Incorporer le lait et saler. Préchauffer le four à 200 °C (400 °F).

4 Mélanger la préparation à base de viande et les aubergines, et répartir dans un plat à gratin graissé en alternant avec la sauce, les lasagnes, les aubergines et le fromage. Cuire au four 40 minutes, jusqu'à ce que les lasagnes soient dorées.

POUR 4 PERSONNES

700 g (1½ lb) d'aubergines

sel

poivre

60 ml (¼ t.) d'huile d'olive

30 ml (2 c. à s.) de jus de citron

½ bouquet de basilic, fraîchement haché

1 oignon

450 g (1 lb) de viande hachée (porc et bœuf)

5 ml (1 c. à thé) de thym séché

796 ml (28 oz) de tomates concassées en boîte

30 ml (2 c. à s.) de beurre

60 ml (¼ t.) de farine

500 ml (2 t.) de vin blanc

150 ml (⅔ t.) de lait

500 g (1 lb) de lasagnes

500 ml (2 t.) de parmesan, râpé

Préparation : 30 minutes + temps de cuisson

185

LASAGNES À LA MOZZARELLA

POUR 4 PERSONNES

1 oignon

1 carotte

30 ml (2 c. à s.) d'huile d'olive

400 g (1 lb) de viande hachée d'agneau

5 ml (1 c. à thé) de thym séché

796 ml (28 oz) de tomates concassées en boîte

sel

poivre

30 ml (2 c. à s.) de beurre

60 ml (¼ t.) de farine

500 ml (2 t.) de vin blanc

150 ml (⅔ t.) de lait

500 g (1 lb) de lasagnes

500 ml (2 t.) de parmesan, râpé

3 tomates

500 ml (2 t.) de mozzarella

Préparation : 25 minutes + temps de cuisson

1 Peler l'oignon et la carotte. Hacher l'oignon et couper la carotte en dés. Dans une poêle, chauffer l'huile, ajouter l'oignon et faire revenir jusqu'à ce qu'il soit translucide. Ajouter la carotte et la viande hachée, et bien cuire le tout. Ajouter le thym et les tomates, et mélanger. Saler et poivrer.

2 Dans une casserole, faire fondre le beurre, ajouter la farine et mélanger jusqu'à obtention d'un roux. Mouiller avec le vin et cuire jusqu'à ce que le mélange épaississe. Incorporer le lait et saler. Préchauffer le four à 200 °C (400 °F).

3 Laver les tomates et couper en rondelles. Couper la mozzarella en rondelles.

4 Répartir la préparation à base de viande dans un plat à gratin graissé en alternant avec la sauce, les lasagnes et le parmesan. Cuire au four 40 minutes, jusqu'à ce que les lasagnes soient bien dorées.

LASAGNES

1 Peler l'oignon et la carotte. Hacher l'oignon et couper la carotte en dés. Dans une poêle, chauffer l'huile, ajouter l'oignon et faire revenir jusqu'à ce qu'il soit translucide. Ajouter la carotte et la viande hachée et bien cuire le tout. Ajouter le thym et les tomates, et mélanger. Saler et poivrer.

2 Dans une casserole, faire fondre le beurre, ajouter la farine et mélanger jusqu'à obtention d'un roux. Mouiller avec le vin et cuire jusqu'à ce que le mélange épaississe. Incorporer le lait et saler. Préchauffer le four à 200 °C (400 °F).

3 Répartir un peu de sauce dans un plat à gratin, ajouter des lasagnes et ajouter une couche de préparation à base de viande. Garnir d'un peu de fromage râpé. Répéter l'opération avec les ingrédients restants. La dernière couche doit être composée de sauce et de fromage. Cuire au four 40 minutes et servir garni de basilic.

POUR 4 PERSONNES

1 oignon

1 carotte

30 ml (2 c. à s.) d'huile d'olive

400 g (1 lb) de viande hachée (porc et bœuf)

5 ml (1 c. à thé) de thym séché

796 ml (28 oz) de tomates concassées en boîte

sel

poivre

30 ml (2 c. à s.) de beurre

60 ml (¼ t.) de farine

500 ml (2 t.) de vin blanc

150 ml (⅔ t.) de lait

500 g (1 lb) de lasagnes

500 ml (2 t.) de cheddar, râpé

basilic, en garniture

**Préparation : 40 minutes
+ temps de cuisson**

GRATIN DE MACARONIS AU GIBIER

1 Peler l'ail et hacher.
Mélanger l'huile d'olive,
2 ml (½ c. à thé) de sel,
du poivre et les courgettes,
et laisser mariner.

2 Laver la viande, sécher
et hacher grossièrement.

3 Dans une poêle, chauffer
l'huile de romarin, ajouter
le bacon et faire revenir.
Ajouter l'oignon et la carotte,
et faire revenir rapidement.
Ajouter la viande et cuire sans
cesser de remuer. Incorporer
les tomates et le piment, et
cuire 10 minutes. Saler,
poivrer et ajouter l'origan.
Cuire les macaronis dans de
l'eau bouillante salée jusqu'à
ce qu'ils soient *al dente*
et égoutter. Préchauffer
le four à 200 °C (400 °F).

4 Arroser de bouillon la
préparation à base de
viande et cuire sans couvrir
jusqu'à ce que le liquide soit
presque évaporé. Pour la sauce
au fromage, faire fondre le
beurre dans une casserole,
ajouter la farine et mélanger
jusqu'à obtention d'un roux.
Mouiller avec le lait et battre
jusqu'à ce que la préparation
épaississe. Couper le fromage
en cubes, ajouter à la sauce
et chauffer jusqu'à ce qu'il ait
fondu. Saler et poivrer.

5 Répartir une couche de
macaronis dans un plat à
gratin graissé, répartir une
couche de préparation à base
de viande et ajouter une autre
couche de macaronis. Ajouter
une couche de courgettes,
ajouter une dernière couche
de macaronis et garnir de sauce
au fromage. Cuire au four
30 minutes. Laver la livèche,
sécher et hacher finement.
Parsemer le gratin de livèche
peu de temps avant de servir.

POUR 4 PERSONNES

2 gousses d'ail

125 ml (½ t.) d'huile d'olive

5 ml (1 c. à thé) de sel

poivre

2 à 3 courgettes, coupées
en rondelles de 0,5 cm
(¼ po) d'épaisseur

600 g (1⅓ lb) de filet de
gibier

30 ml (2 c. à s.) d'huile
de romarin

150 g (⅓ lb) de bacon,
coupé en dés fins

1 oignon, haché menu

1 carotte, en julienne

5 ml (1 c. à thé) de piment
fort haché menu

3 tomates, pelées
et coupées en dés

10 ml (2 c. à thé) d'origan
séché

500 g (1 lb) de macaronis

500 ml (2 t.) de bouillon de
bœuf ou de fond de gibier

15 ml (1 c. à s.) de beurre

15 ml (1 c. à s.) de farine

250 ml (1 t.) de lait

75 ml (⅓ t.) de mozzarella

3 brins de livèche

Préparation : 1 h 15
+ temps de cuisson
+ temps de macération

GRATIN AUX ARTICHAUTS

POUR 4 PERSONNES

250 g (½ lb) de tagliatelles
sel
2 branches de céleri
1 bouquet de persil plat
100 g (¼ lb) de mortadelle
150 g (⅓ lb) d'asperges
sucre
6 cœurs d'artichauts
marinés dans l'huile
noix muscade, râpée
poivre
120 g (¼ lb) de parmesan

**Préparation : 25 minutes
+ temps de cuisson**

1 Cuire les tagliatelles dans de l'eau bouillante salée jusqu'à ce qu'elles soient *al dente*, rincer à l'eau froide et égoutter. Laver le céleri et le persil, et sécher. Couper le céleri en deux dans la longueur et couper en tronçons de 5 mm (¼ po). Hacher le persil menu. Couper la mortadelle en fines lanières.

2 Laver les asperges, retirer les parties dures et couper en tronçons de 1 cm (⅜ po). Blanchir les asperges et le céleri dans de l'eau bouillante sucrée, et égoutter. Couper les artichauts en quatre et égoutter.

3 Préchauffer le four à 200 °C (400 °F). Mélanger les pâtes, le céleri, la mortadelle, les asperges et les artichauts, ajouter la noix muscade, saler et poivrer. Répartir le tout dans un plat à gratin graissé.

4 Râper le parmesan et en saupoudrer le gratin. Cuire au four 30 minutes, jusqu'à ce que le gratin soit doré. Garnir de persil et servir immédiatement.

GRATIN DE PÂTES AUX COURGETTES

1 Laver les courgettes, couper en deux dans la longueur, détailler en tronçons et couper en très fines lamelles. Peler l'ail et l'oignon, et hacher. Couper le jambon en dés.

2 Cuire les tagliatelles dans de l'eau bouillante salée jusqu'à ce qu'elles soient *al dente* et égoutter. Dans une sauteuse, faire fondre le beurre, ajouter l'oignon et faire revenir. Ajouter le jambon et cuire jusqu'à ce qu'il soit saisi. Ajouter les courgettes et cuire. Incorporer l'ail. Saler et poivrer.

3 Répartir les pâtes dans un plat à gratin graissé, ajouter les courgettes et râper le fromage dessus. Passer au gril jusqu'à ce que le gratin soit bien doré.

4 Faire griller à sec les amandes effilées, parsemer le gratin et servir immédiatement.

POUR 4 PERSONNES

4 à 5 courgettes
1 oignon
1 gousse d'ail
250 g (½ lb) de jambon cuit
250 g (½ lb) de tagliatelles
sel
poivre
15 ml (1 c. à s.) de beurre
80 g (3 oz) de parmesan
90 ml (6 c. à s.) d'amandes effilées

Préparation : 35 minutes + temps de cuisson

GRATIN AUX BOULETTES DE VIANDE

POUR 4 PERSONNES

250 g (½ lb) de fusillis

sel

poivre du moulin

90 ml (6 c. à s.) d'huile

300 g (⅔ lb) de porc haché

1 œuf

30 ml (2 c. à s.) de fromage à la crème

3 courgettes

1 oignon

1 gousse d'ail

398 ml de tomates concassées en boîte

125 ml (½ t.) de crème à 35 %

30 ml (2 c. à s.) de romarin haché

75 ml (⅓ t.) d'emmental, râpé

Préparation : 35 minutes + temps de cuisson

1 Cuire les fusillis dans de l'eau bouillante salée jusqu'à ce qu'ils soient *al dente*, égoutter et incorporer 15 ml (1 c. à soupe) d'huile.

2 Mélanger le porc, l'œuf et le fromage à la crème, poivrer et façonner environ 15 boulettes. Laver les courgettes, parer et couper en rondelles de 5 mm (¼ po). Réserver quelques rondelles pour la garniture et couper les rondelles restantes en dés. Peler l'ail et l'oignon, et hacher.

3 Dans une poêle, chauffer 30 ml (2 c. à soupe) d'huile, ajouter les boulettes et cuire à feu modéré jusqu'à ce qu'elles soient dorées.

Retirer de la poêle. Ajouter 30 ml (2 c. à soupe) d'huile dans la poêle, ajouter l'ail, les courgettes et l'oignon, et faire revenir. Ajouter les tomates concassées et la crème, saler, poivrer et incorporer le romarin. Cuire 3 minutes sans couvrir, jusqu'à ce que la préparation épaississe.

4 Répartir la moitié de la sauce dans un plat à gratin graissé, ajouter les boulettes et les pâtes, et napper de la sauce restante. Garnir de tranches de courgettes, arroser avec le restant d'huile et parsemer d'emmental.

5 Cuire au four 15 minutes à 225 °C (450 °F).

GRATIN BOLOGNAISE

POUR 4 PERSONNES

2 oignons

2 gousses d'ail

2 petits brins de romarin

350 g (¾ lb) de bœuf haché

30 ml (2 c. à s.) d'huile

398 ml de tomates concassées en boîte

sel

poivre

200 g (½ lb) de bucatini

125 ml (½ t.) d'emmental, râpé

15 ml (1 c. à s.) de ciboulette hachée

Préparation : 25 minutes + temps de cuisson

1 Peler les oignons et l'ail, et hacher finement. Effeuiller le romarin et hacher finement.

2 Dans une poêle, chauffer l'huile, ajouter les oignons, l'ail et la viande hachée, et cuire 3 minutes en émiettant la viande. Ajouter les tomates concassées, saler et poivrer. Cuire sans couvrir 10 minutes à feu moyen. Préchauffer le four à 200 °C (400 °F).

3 Cuire les bucatini dans de l'eau bouillante salée jusqu'à ce qu'ils soient *al dente*, égoutter et incorporer à la sauce. Réchauffer le tout à feu doux.

4 Répartir les pâtes et la sauce dans un plat à gratin graissé, parsemer de fromage râpé et cuire au four 20 à 25 minutes. Parsemer de ciboulette et servir immédiatement.

INFO

La viande hachée ne se conserve pas longtemps. Elle doit absolument être mise au réfrigérateur et consommée le jour de son achat. Une fois cuite, la viande se conserve jusqu'à 48 heures.

GRATIN AUX MACARONIS ET AU JAMBON

1 Cuire les macaronis dans de l'eau bouillante salée jusqu'à ce qu'ils soient *al dente* et égoutter.

2 Préchauffer le four à 225 °C (450 °F). Couper le jambon en dés et râper le gouda. Dans une casserole, verser la sauce Alfredo et le lait, porter à ébullition et incorporer le fromage. Saler et poivrer. Répartir les pâtes dans un plat à gratin graissé en alternant avec le jambon et la sauce.

3 Parsemer de fromage et cuire au four 20 minutes. Parsemer de ciboulette et servir immédiatement.

POUR 4 PERSONNES

500 g (1 lb) de macaronis
sel
200 g (½ lb) de jambon blanc
250 ml (1 t.) de gouda
250 ml (1 t.) de sauce Alfredo ou béchamel
125 ml (½ t.) de lait
175 ml (¾ t.) de fromage à la crème
poivre
45 ml (3 c. à s.) de ciboulette hachée

Préparation : 20 minutes + temps de cuisson

CONSEIL

Pour préparer soi-même la béchamel, faire fondre 30 ml (2 c. à soupe) de beurre dans une casserole, ajouter 30 ml (2 c. à soupe) de farine et faire revenir. Ajouter 500 ml (2 t.) de lait et porter à ébullition. Peler un oignon et le piquer avec une feuille de laurier et 3 clous de girofle. Ajouter à la sauce. Saler et poivrer. Laisser mijoter 15 minutes et retirer l'oignon. Rectifier l'assaisonnement, incorporer 75 ml (⅓ t.) de crème à 35 % et de la noix muscade.

GRATIN DE RAVIOLIS

POUR 4 PERSONNES

350 g (¾ lb) de raviolis frais

sel

2 gousses d'ail

½ bouquet de cerfeuil

45 ml (3 c. à s.) de beurre

3 à 4 carottes, râpées

poivre

250 ml (1 t.) de gouda

3 œufs

250 ml (1 t.) de lait

125 ml (½ t.) de crème
à 35 %

noix muscade

**Préparation : 20 minutes
+ temps de cuisson**

1 Cuire les raviolis dans de l'eau bouillante salée jusqu'à ce qu'ils soient *al dente*, rincer à l'eau froide et égoutter.

2 Peler l'ail et hacher. Laver le cerfeuil, sécher et hacher menu.

3 Préchauffer le four à 200 °C (400 °F). Dans une poêle, faire fondre 30 ml (2 c. à soupe) de beurre, ajouter les carottes râpées et cuire 5 minutes. Ajouter l'ail et le cerfeuil, saler et poivrer.

4 Râper le fromage, ajouter les œufs, le lait, la crème à 35 % et de la noix muscade, et saler.

5 Répartir les raviolis dans un plat à gratin graissé en alternant avec les carottes. Napper de sauce et lisser la surface.

6 Cuire au four 40 minutes en couvrant éventuellement de papier aluminium si le gratin brunit trop vite.

CONSEIL

Il est possible de remplacer les carottes par de la citrouille.

GRATIN DE TORTELLINIS AUX CHAMPIGNONS

POUR 4 PERSONNES

800 g (1¾ lb) de cèpes

1 oignon

2 gousses d'ail

125 ml (½ t.) d'huile au basilic

10 ml (2 c. à thé) d'origan séché

796 ml (28 oz) de tomates pelées en boîte

45 ml (3 c. à s.) de farine

250 ml (1 t.) de vin rouge sec

sel

poivre

350 g (¾ lb) de tortellinis

250 g (1 t.) de gouda, râpé

Préparation : 30 minutes + temps de cuisson

1 Frotter les champignons avec un linge humide et émincer grossièrement. Peler l'ail et l'oignon, et hacher.

2 Dans une poêle, chauffer 60 ml (4 c. à soupe) d'huile, ajouter l'oignon et l'ail, et faire revenir jusqu'à ce qu'ils soient translucides. Incorporer l'origan et les champignons, et cuire 3 minutes sans cesser de remuer. Égoutter les tomates en réservant leur jus et concasser.

3 Tamiser la farine dans la poêle, faire revenir et déglacer avec le vin rouge sans cesser de remuer. Ajouter les tomates et leur jus, saler et poivrer. Cuire 10 minutes supplémentaires à feu moyen.

4 Préchauffer le four à 200 °C (400 °F). Cuire les tortellinis dans de l'eau bouillante salée jusqu'à ce qu'ils soient *al dente*, égoutter et incorporer 15 ml (1 c. à soupe) d'huile.

5 Répartir la moitié des pâtes dans un plat à gratin graissé, napper avec la moitié de la sauce et ajouter la moitié du fromage râpé. Répéter l'opération avec les ingrédients restants. Arroser le gratin avec l'huile restante et cuire au four 30 minutes.

GRATIN DE TORTELLINIS AUX COURGETTES

1 Cuire les tortellinis dans de l'eau bouillante salée jusqu'à ce qu'ils soient *al dente* et égoutter. Préchauffer le four à 220 °C (450 °F).

2 Laver les courgettes, ébouter et râper grossièrement.

3 Dans une poêle, chauffer 30 ml (2 c. à soupe) de beurre, ajouter les courgettes et cuire 5 minutes à feu vif. Peler l'ail, hacher et ajouter dans la poêle. Saler.

4 Graisser un plat à gratin avec le beurre restant. Répartir les courgettes dans le plat et garnir de pâtes.

5 Battre les œufs et le lait, et incorporer le parmesan. Saler, poivrer et incorporer de la noix muscade. Napper le gratin du mélange obtenu et cuire au four 15 minutes, jusqu'à ce que le gratin soit bien doré.

POUR 4 PERSONNES

500 g (1 lb) de tortellinis
sel
poivre
4 à 5 courgettes
45 ml (3 c. à s.) de beurre
2 gousses d'ail
3 œufs
250 ml (1 t.) de lait
250 ml (1 t.) de parmesan, fraîchement râpé
noix muscade, fraîchement râpée

Préparation : 20 minutes + temps de cuisson

CONSEIL

Il est possible de modifier la recette en choisissant différents types de farce pour les tortellinis.

LASAGNES DES GOURMETS

1 Cuire les lasagnes dans de l'eau bouillante salée jusqu'à ce qu'elles soient *al dente* et égoutter. Laver le saumon, sécher et arroser de jus de citron. Saler et couper en cubes.

2 Peler l'oignon et couper en dés. Peler l'ail et hacher. Dans une poêle, chauffer le beurre, ajouter l'ail et l'oignon, et faire revenir jusqu'à ce qu'ils soient translucides.

3 Déglacer avec le vin, incorporer la crème et faire revenir jusqu'à ce que la sauce épaississe. Poivrer, saler et ajouter le poisson. Préchauffer le four à 250 °C (450 °F).

4 Ajouter le zeste de citron à la sauce et mélanger. Écraser le gorgonzola à l'aide d'une fourchette et râper le pecorino en copeaux.

5 Répartir les lasagnes dans un plat à gratin graissé en alternant avec la sauce et en terminant par une couche de lasagnes. Parsemer de fromage et de noix de beurre, et cuire au four 15 minutes. Garnir de fines herbes et servir immédiatement.

POUR 4 PERSONNES

350 g (¾ lb) de lasagnes vertes

sel

poivre

300 g (⅔ lb) de filet de saumon

30 ml (2 c. à s.) de jus de citron

1 oignon

1 gousse d'ail

45 ml (3 c. à s.) de beurre

125 ml (½ t.) de vin blanc

250 ml (1 t.) de crème à 35 %

zeste de ½ citron

250 ml (1 t.) de gorgonzola

250 ml (1 t.) de pecorino

60 ml (¼ t.) de noix de beurre

herbes, pour garnir

Préparation : 30 minutes + temps de cuisson

LASAGNES AUX ÉPINARDS

POUR 4 PERSONNES

2 l (8 t.) d'épinards

2 à 3 d'oignons

600 g (1⅓ lb) de tomates en branches

1 à 2 gousses d'ail

60 ml (¼ t.) de beurre

45 ml (3 c. à s.) de farine

300 ml (1¼ t.) de lait

250 ml (1 t.) de crème à 35 %

15 ml (1 c. à s.) d'herbes de Provence séchées

5 œufs

poivre

12 à 15 lasagnes

500 ml (2 t.) de fontina, râpé

½ bouquet de persil

Préparation : 20 minutes + temps de cuisson

1 Laver les épinards, blanchir 5 minutes à l'eau bouillante salée et rincer à l'eau froide. Transférer dans une passoire et presser de façon à exprimer l'excédent d'eau.

2 Peler les oignons et couper en dés. Laver les tomates et couper en rondelles. Peler l'ail et hacher.

3 Dans une poêle, chauffer le beurre, ajouter les épinards et les oignons, et faire revenir. Saupoudrer de farine et incorporer le lait et la crème.

4 Ajouter l'ail et les herbes de Provence, et cuire 2 minutes. Retirer du feu, incorporer les œufs, saler et poivrer.

5 Dans un plat à gratin, alterner des couches de lasagnes, d'épinards, de tomates et de fromage, en terminant par une couche d'épinards et de fromage.

6 Cuire au four préchauffé, à 180 °C (350 °F), 50 minutes. Hacher finement le persil, parsemer les lasagnes et servir immédiatement.

GRATIN DE PÂTES AU POISSON FUMÉ

1 Cuire les chifferi rigati dans de l'eau bouillante salée jusqu'à ce qu'ils soient *al dente* et égoutter. Préchauffer le four à 200 °C (400 °F).

2 Dans une poêle, faire fondre 60 ml (¼ t.) de beurre, ajouter la farine et faire revenir jusqu'à obtention d'un roux. Incorporer le lait et la crème.

3 Cuire jusqu'à ce que la préparation épaississe.

4 Retirer du feu, incorporer 125 ml (½ t.) de fromage râpé et chauffer jusqu'à ce qu'il fonde. Saler, poivrer et incorporer les fines herbes.

5 Retirer la peau et les arêtes du poisson et émietter la chair. Peler les pommes, couper en quartiers et détailler en lamelles.

6 Mélanger le poisson, les pommes et les pâtes, et ajouter la sauce. Saler, poivrer et arroser de jus de citron.

7 Répartir la préparation obtenue dans un plat à gratin graissé, parsemer du fromage restant et cuire au four 20 à 30 minutes, jusqu'à ce que le gratin soit bien doré.

POUR 4 PERSONNES

250 g (½ lb) de chifferi rigati

75 ml (⅓ t.) de beurre

30 ml (2 c. à s.) de farine

250 ml (1 t.) de lait

250 ml (1 t.) de crème à 35 %

250 ml (1 t.) d'emmental, râpé

sel

poivre

15 ml (1 c. à s.) d'aneth haché

15 ml (1 c. à s.) de persil haché

400 g (1 lb) de poisson fumé

2 pommes

jus de 1 citron

Préparation : 30 minutes + temps de cuisson

CONSEIL

La recette peut varier en fonction du poisson fumé choisi. De l'anguille à la chair grasse au saumon plus tendre : une histoire de goût !

CANNELLONIS AUX FRUITS DE MER

1 Faire tremper les tranches de pain de mie dans de l'eau chaude. Laver le filet de poisson, retirer les arêtes et couper en cubes. Presser les tranches de pain de mie pour en extraire l'eau et mettre dans un robot de cuisine. Ajouter le poisson et réduire en purée.

2 Laver les crevettes, sécher et hacher grossièrement. Rincer les moules, égoutter et hacher grossièrement. Ajouter les crevettes et les moules au mélange précédent et incorporer les œufs.

3 Laver le cresson, sécher et hacher finement. Réserver 30 ml (2 c. à soupe) et incorporer le cresson restant au mélange précédent. Saler, poivrer et arroser de jus de citron. Incorporer la mozzarella.

4 Préchauffer le four à 200 °C (400 °F). Dans une casserole, chauffer le beurre, incorporer la farine et mouiller avec le lait. Chauffer sans cesser de remuer jusqu'à ce que la préparation épaississe. Saler et ajouter de la noix muscade.

5 Verser de la sauce dans un plat à gratin graissé. Farcir les cannellonis du mélange à base de poisson et répartir dans le plat. Ajouter la sauce restante et parsemer de pecorino. Cuire au four 25 à 30 minutes, parsemer du cresson restant et servir.

POUR 4 PERSONNES

2 tranches de pain de mie

400 g (1 lb) de filet de poisson au choix

125 g (¼ lb) de petites crevettes cuites

200 g (½ lb) de moules cuites

2 œufs

2 bouquets de cresson de fontaine

sel

poivre

jus de citron

250 ml (1 t.) de mozzarella, râpée

30 ml (2 c. à s.) de beurre

45 ml (3 c. à s.) de farine

500 ml (2 t.) de lait

noix muscade, hachée

350 g (¾ lb) de cannellonis

250 ml (1 t.) de pecorino, râpé

Préparation : 30 minutes + temps de cuisson

CANNELLONIS AU CHOU

1 Parer le chou, laver et couper le cœur. Détacher 6 belles feuilles et blanchir 1 minute à l'eau bouillante de sorte qu'elles soient assez souples pour être roulées. Rincer à l'eau froide et égoutter sur un linge. Réserver l'eau de cuisson.

2 Découper la nervure centrale des feuilles de chou et détailler le chou restant en lanières. Saler et huiler l'eau de cuisson réservée, ajouter les lasagnes et cuire 6 minutes, de sorte qu'elles soient assez souples pour être roulées. Égoutter sur un linge.

3 Dans une poêle, chauffer 30 ml (2 c. à soupe) de beurre, ajouter les lanières de chou et cuire 5 minutes sans cesser de remuer. Saler, poivrer et ajouter de la noix muscade. Transférer dans une terrine et laisser refroidir. Saler et poivrer chaque feuille de chou. Superposer une feuille de chou, une lasagne et une tranche de jambon. Rouler en cannellonis.

4 Couper la mozzarella en dés et râper le parmesan. Mélanger les lanières de chou, la crème, l'œuf et la mozzarella, et répartir le tout dans un plat à gratin graissé. Ajouter les cannellonis les uns contre les autres. Faire fondre le beurre restant, arroser les cannellonis et saupoudrer de parmesan. Cuire au four, préchauffé à 180 °C (350 °F), 40 minutes.

POUR 4 PERSONNES

1 petit chou d'environ 500 g (1 lb)

sel

15 ml (1 c. à s.) d'huile

12 lasagnes

60 ml (¼ t.) de beurre

poivre

noix muscade fraîchement râpée

12 tranches très fines de jambon blanc

500 ml (2 t.) de mozzarella

75 ml (⅓ t.) de parmesan

175 ml (¾ t.) de crème à 35 %

1 œuf

Préparation : 35 minutes + temps de cuisson

CANNELLONIS AU ROMANESCO

POUR 4 PERSONNES

1 chou romanesco

2 à 3 carottes

1 poireau

30 ml (2 c. à s.) d'huile d'olive

125 ml (½ t.) de crème sure

2 œufs

sel

poivre

noix muscade râpée

jus de citron

30 ml (2 c. à s.) de beurre

45 ml (3 c. à s.) de farine

500 ml (2 t.) de lait

250 g (½ lb) de cannellonis

250 ml (1 t.) de fromage, râpé

60 ml (4 c. à s.) de ciboulette hachée

Préparation : 30 minutes + temps de cuisson

1 Parer le romanesco, laver, sécher et séparer en fleurettes. Peler les carottes et couper en dés.

2 Parer le poireau, laver, sécher et couper en fines lanières. Dans une sauteuse, chauffer l'huile, ajouter les légumes et cuire 5 minutes sans cesser de remuer.

3 Retirer du feu et ajouter la crème sure et les œufs. Saler, poivrer et ajouter la noix muscade et du jus de citron.

4 Préchauffer le four à 200 °C (400 °F). Dans une casserole, chauffer le beurre, ajouter la farine et mélanger jusqu'à obtention d'un roux. Mouiller avec le lait et chauffer jusqu'à ce que la préparation épaississe. Saler et incorporer de la noix muscade et du jus de citron.

5 Répartir un peu de sauce dans un plat à gratin graissé.

6 Farcir les cannellonis avec la préparation à base de légumes et disposer dans le plat. Napper de sauce et parsemer de fromage. Cuire au four 20 à 25 minutes.

7 Parsemer de ciboulette et servir immédiatement.

CONSEIL

Le brocoli ou le chou-fleur peuvent être utilisés à la place du chou romanesco.

CANNELLONIS FAÇON JARDINIÈRE

1 Mélanger la farine, la semoule, les œufs et 2 ml (½ c. à thé) de sel, et pétrir en ajoutant de l'eau tiède jusqu'à obtention d'une pâte homogène. Couvrir et laisser reposer 30 minutes. Parer les épinards et blanchir à l'eau bouillante. Couper le jambon en lanières et la mozzarella en dés.

2 Laver l'origan, sécher et hacher finement. Peler l'ail et hacher. Mélanger la ricotta, la mozzarella, les épinards, le jambon, l'origan et l'ail. Bien saler et poivrer.

3 Préchauffer le four à 250 °C (450 °F). Abaisser la pâte de sorte qu'elle ait 2 mm (⅛ po) d'épaisseur et découper 20 carrés de 10 cm (4 po) de côté. Cuire les carrés dans de l'eau salée et égoutter.

4 Aplatir les carrés de pâte, garnir de farce et rouler. Répartir dans un plat à gratin graissé.

5 Battre le jaune d'œuf avec le pecorino, l'huile et la sauce Alfredo, répartir dans le plat, saler et poivrer. Cuire au four 20 minutes jusqu'à ce que les cannellonis soient dorés.

POUR 4 PERSONNES

150 ml (⅔ t.) de farine

150 ml (⅔ t.) de semoule de blé dur

4 œufs

sel

2 l (8 t.) d'épinards

100 g (¼ lb) de jambon cru, pas trop salé

125 ml (½ t.) de mozzarella

1 brin d'origan

2 gousses d'ail

150 ml (⅔ t.) de ricotta

poivre

1 jaune d'œuf

50 ml (¼ t.) de pecorino, râpé

75 ml (⅓ t.) d'huile d'olive

75 ml (⅓ t.) de sauce Alfredo

Préparation : 50 minutes
+ temps de repos
+ temps de cuisson

GRATIN DE VERMICELLES AUX TOMATES

POUR 6-8 PERSONNES

15 ml (1 c. à s.) de romarin

300 g (⅔ lb) de bacon, coupé en dés

60 ml (¼ t.) d'huile

350 ml (1⅓ t.) de crème à 35 %

6 œufs

sel

poivre

2 kg (4,4 lb) de petites tomates mûres

750 g (1½ lb) de vermicelles

250 ml (1 t.) de parmesan

15 ml (1 c. à s.) de beurre, en pommade

45 ml (3 c. à s.) de chapelure

45 ml (3 c. à s.) d'huile d'olive

125 ml (½ t.) d'oignons verts

1 botte de basilic

250 ml (1 t.) de féta

250 ml (1 t.) de gouda

Préparation : 30 minutes

1 Laver le romarin et sécher. Dans une poêle, faire griller le romarin à sec jusqu'à ce qu'il soit légèrement brunâtre et hacher. Chauffer 30 ml (2 c. à soupe) d'huile dans la poêle, ajouter le bacon et faire revenir. Mettre les œufs et la crème dans une terrine, battre à l'aide d'un fouet électrique 4 à 5 minutes, saler et poivrer. Ajouter le bacon et le romarin.

2 Inciser les tomates en croix et blanchir à l'eau bouillante. Monder et couper en deux. Cuire les vermicelles dans de l'eau bouillante salée 3 à 4 minutes, égoutter et ajouter l'huile restante. Mélanger les vermicelles, la préparation à base de bacon et 125 ml (½ t.) de parmesan.

3 Beurrer un moule à gâteau et saupoudrer d'une fine couche de chapelure.

4 Répartir la moitié de la préparation dans le moule, ajouter les bases des tomates, partie bombée vers le haut, et couvrir avec la préparation restante. Ajouter les tomates restantes et arroser d'huile d'olive.

5 Cuire au four préchauffé, à 200 °C (400 °F), 35 à 40 minutes.

6 Laver le basilic et les oignons verts, sécher et hacher séparément. Couper la féta en dés. Retirer la croûte du gouda et râper grossièrement. Laisser tiédir le gratin 10 à 15 minutes, couper en tranches et servir parsemé de fromage, de basilic et d'oignons verts.

SPAGHETTINIS GRATINÉS

1 Laver les poivrons, sécher et couper en dés. Peler l'ail et hacher. Couper la mozzarella en tranches.

2 Laver le thym, sécher et hacher les feuilles grossièrement. Dans une poêle, chauffer 30 ml (2 c. à soupe) d'huile, ajouter les poivrons et faire revenir à feu moyen jusqu'à ce qu'ils soient saisis.

3 Ajouter l'ail, la moitié du thym et le zeste de citron, saler et poivrer. Transférer dans une terrine. Préchauffer le four à 250 °C (450 °F).

4 Cuire les spaghettinis dans de l'eau bouillante salée jusqu'à ce qu'ils soient *al dente*, égoutter et incorporer dans la poêle.

5 Répartir le tout dans un plat à gratin graissé, couvrir de mozzarella et ajouter le thym restant. Arroser avec l'huile restante.

6 Cuire au four préchauffé 8 à 10 minutes, jusqu'à ce que le fromage ait fondu et soit légèrement doré.

POUR 4 PERSONNES

2 poivrons rouges
2 poivrons verts
2 poivrons jaunes
2 gousses d'ail
400 g (1 lb) de mozzarella
½ bouquet de thym
45 ml (3 c. à s.) d'huile d'olive
5 ml (1 c. à thé) de zeste de citron
sel
poivre
350 g (¾ lb) de spaghettinis

Préparation : 40 minutes + temps de cuisson

INFO

Pour plus d'onctuosité, remplacer la mozzarella par du gorgonzola doux.

GRATIN DE PENNES À LA CRÈME DE FENOUIL

POUR 4 PERSONNES

250 g (½ lb) de pennes

2 bulbes de fenouil

2 patates douces

45 ml (3 c. à s.) d'huile d'olive

sel

poivre

poudre d'anis, de clou de girofle et de piment

500 ml (2 t.) de bouillon de légumes

60 ml (¼ t.) de crème à 35 %

250 ml (1 t.) de comté, râpé

Préparation : 50 minutes

1 Parer les bulbes de fenouil, laver et hacher menu (tiges vertes comprises).

2 Cuire les patates douces et couper en dés.

3 Dans une poêle, chauffer l'huile, ajouter les patates douces et le fenouil, et cuire 10 minutes. Réduire le tout à l'aide d'une fourchette et incorporer les épices.

4 Cuire les pennes dans de l'eau bouillante salée jusqu'à ce qu'elles soient *al dente* et égoutter.

5 Mouiller avec le bouillon et laisser mijoter à feu moyen 2 à 3 minutes. Incorporer la crème.

6 Préchauffer le four à 220 °C (450 °F). Répartir les pâtes dans un plat à gratin graissé et napper de crème au fenouil.

7 Saupoudrer le tout de fromage et cuire au four 5 à 6 minutes.

RAVIOLIS ANTIPASTI

1 Cuire les raviolis dans de l'eau bouillante salée jusqu'à ce qu'ils soient *al dente*. Préchauffer le four à 200 °C (400 °F).

2 Réchauffer les tomates et leur jus, les légumes marinés, le comté et l'extrait d'amande sans cesser de remuer jusqu'à ce que le comté soit légèrement fondu. Saler, poivrer et ajouter de la sauge.

3 Répartir les raviolis dans un plat à gratin graissé.

4 Ajouter le mélange à base d'antipasti, parsemer le tout d'amandes effilées et garnir de noix de beurre. Cuire au four 5 à 6 minutes.

POUR 4 PERSONNES

500 g (1 lb) de raviolis verts frais farcis au fromage

sel

poivre

250 ml (1 t.) de tomates pelées en boîte

200 g (8 oz) d'un mélange d'antipasti (légumes marinés en bocal)

200 g (½ lb) de comté, coupé en copeaux

1 à 2 gouttes d'extrait d'amande

sauge séchée

335 ml (1⅓ t.) d'amandes effilées

noix de beurre

Préparation : 25 minutes

221

PÂTES EN SALADE

Un large éventail de savoureuses recettes de salades à base de pâtes est proposé dans ce chapitre : de la salade de pâtes vertes et ses langoustines à la salade de farfalles aux lentilles roses en passant par la salade de pâtes sauce aux cèpes et aux tomates. Ces idées raviront toutes les papilles et sont à proposer aussi bien en été comme plat principal rafraîchissant qu'en hiver comme hors-d'œuvre copieux.

SALADE DE FARFALLES AUX LENTILLES ROSES

POUR 4 PERSONNES

125 ml (½ t.) de lentilles roses

500 ml (2 t.) de bouillon de bœuf

350 g (¾ lb) de farfalles

sel

poivre

1 oignon

100 g (4 oz) de betterave rouge en boîte

1 carotte

250 ml (1 t.) de poireaux

30 ml (2 c. à s.) de jus de citron

45 ml (3 c. à s.) d'huile

10 ml (2 c. à thé) de poudre de piment

5 ml (1 c. à thé) de paprika

150 g (⅓ lb) de porc fumé

1 bouquet de persil

Préparation : 25 minutes + temps de refroidissement

1 Rincer les lentilles, mettre dans une casserole et ajouter le bouillon. Cuire à feu moyen 10 minutes. Cuire les farfalles dans de l'eau bouillante salée jusqu'à ce qu'elles soient *al dente*.

2 Peler l'oignon et hacher. Couper la betterave en bâtonnets. Peler la carotte et couper en julienne. Parer les poireaux, laver et couper en fines rondelles.

3 Mélanger le jus de citron, l'huile, la poudre de piment et le paprika, saler et poivrer. Couper le porc fumé en lanières. Laver le persil, sécher et hacher.

4 Égoutter les lentilles et les pâtes, rincer à l'eau froide et égoutter. Laisser refroidir complètement. Mélanger les pâtes et les lentilles, incorporer la carotte, la betterave, les poireaux, l'oignon et la viande, et ajouter la sauce. Bien mélanger le tout, répartir dans des assiettes et servir.

INFO

Pour utiliser des betteraves rouges fraîches, les cuire à l'eau salée, en ajoutant un peu de vinaigre et 1 pincée de cumin, puis les peler.

SALADE DE PÂTES TRICOLORES

POUR 4 PERSONNES

1 grosse aubergine

20 ml (1 c. à s. et 1 c. à thé) de gros sel

3 poivrons rouges

2 courgettes moyennes

2 grosses tomates

400 g (1 lb) de mozzarella

½ bouquet de persil

500 g (1 lb) de tortellinis tricolores

sel

poivre

125 ml (½ t.) d'huile d'olive

Préparation : 30 minutes + temps de repos

1 Laver l'aubergine, couper en rondelles de 5 mm (¼ po) et saupoudrer de gros sel. Couvrir et laisser dégorger 1 heure en posant un poids dessus. Rincer et sécher. Passer au gril 4 minutes de chaque côté.

2 Parer les poivrons, épépiner et couper en lanières. Laver les courgettes et détailler en bâtonnets. Inciser les tomates en croix, blanchir à l'eau bouillante et monder. Épépiner et couper en dés. Égoutter le fromage et couper en dés. Laver le persil, sécher et hacher menu.

3 Cuire les tortellinis dans de l'eau bouillante salée jusqu'à ce qu'ils soient *al dente*, rincer à l'eau froide et égoutter. Laisser refroidir complètement et réserver.

4 Couper les rondelles d'aubergine en deux, ajouter les légumes et la mozzarella, et bien mélanger le tout. Saler et poivrer. Incorporer le persil et arroser d'huile d'olive. Ajouter les pâtes, mélanger et servir.

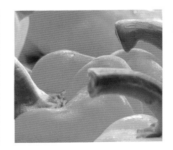

SALADE DE PÂTES ET DE LÉGUMES TIÈDE

1 Couper les poivrons en quatre, épépiner et mettre sur une plaque, côté bombé vers le haut. Passer au gril 7 minutes jusqu'à ce que la peau se boursoufle et noircisse. Couvrir d'un torchon humide et laisser refroidir. Peler, couper en lanières et réserver.

2 Laver les carottes, peler et couper en très fines rondelles. Laver le brocoli et séparer en fleurettes. Cuire les tagliatelles dans de l'eau bouillante salée, additionnée de 30 ml (2 c. à soupe) d'huile d'olive, jusqu'à ce qu'elles soient *al dente*. Ajouter les carottes et le brocoli les 4 dernières

minutes de la cuisson. Rincer à l'eau froide, égoutter et laisser tiédir en remuant de temps en temps de sorte que les pâtes ne collent pas.

3 Inciser les tomates en croix, blanchir à l'eau bouillante et monder. Épépiner et couper en dés. Effeuiller les herbes, laver et hacher.

4 Dans une poêle, chauffer l'huile restante, ajouter les poivrons et les tomates, et réchauffer. Saler, poivrer et arroser de jus de citron. Incorporer le tout aux pâtes et aux légumes, ajouter les herbes et servir immédiatement.

POUR 4 PERSONNES

1 poivron rouge
1 poivron jaune
1 à 2 carottes
500 ml (2 t.) de brocoli
150 g (⅓ lb) de tagliatelles
125 ml (½ t.) d'huile d'olive
sel
poivre
2 tomates
1 bouquet de persil plat
½ bouquet de thym
1 petit bouquet de mélisse
2 branches de menthe
8 petites feuilles de sauge
½ bouquet de basilic
45 ml (3 c. à s.) de jus de citron

Préparation : 50 minutes

SALADE DE PÂTES ET DE TOMATES TIÈDE

POUR 4 PERSONNES

500 g (1 lb) de tomates cerises

125 ml (½ t.) de pignons

2 à 3 courgettes

sel

125 ml (½ t.) d'olives noires

6 gousses d'ail

60 ml (¼ t.) d'huile

300 ml (1¼ t.) de féta

1 bouquet de basilic

1 poivron rouge

60 ml (¼ t.) d'huile d'olive

45 ml (3 c. à s.) de vinaigre de vin

250 g (½ lb) de tagliatelles vertes

Préparation : 1 heure

1 Laver les tomates et couper en quartiers. Faire griller les pignons à sec. Parer les courgettes et couper en rondelles fines. Détailler les rondelles en bâtonnets et saler.

2 Couper les olives en deux en retirant le noyau. Peler l'ail et couper en bâtonnets. Dans une poêle, chauffer l'huile, ajouter l'ail et faire revenir jusqu'à ce qu'il soit doré. Retirer de la poêle et égoutter sur du papier absorbant. Ajouter les courgettes dans l'huile aillée et faire revenir 2 à 3 minutes en remuant de temps en temps. Égoutter en réservant l'huile.

3 Râper grossièrement la féta. Laver le basilic, sécher et effeuiller. Réserver quelques feuilles et détailler les feuilles restantes en lanières. Couper le poivron en deux, épépiner, laver et hacher. Mélanger l'huile aillée, l'huile d'olive, le vinaigre, le sel et le poivron.

4 Casser les pâtes en morceaux de 5 cm (2 po) et cuire dans de l'eau bouillante salée jusqu'à ce qu'elles soient *al dente* et égoutter. Mélanger les pâtes et tous les autres ingrédients, incorporer la sauce et garnir de feuilles de basilic.

INFO

Le pignon est la graine du pin pignon. Elle se trouve entre les écailles du cône du pin et est généralement récoltée à la main, ce qui explique le prix élevé des pignons dans le commerce. En outre, les pins pignon ne portent des fruits qu'à partir de l'âge de 25 ans.

SALADE DE PÂTES VERTES ET LANGOUSTINES

1 Décortiquer les langoustines, pratiquer une incision le long du dos et retirer la veine intestinale. Rincer et sécher. Peler l'ail et hacher.

2 Mélanger le jus d'orange, l'huile d'olive et 1 pincée de sel, incorporer les langoustines au mélange obtenu et laisser mariner 1 heure. Cuire les spaghettis dans de l'eau bouillante salée jusqu'à ce qu'ils soient *al dente*, rincer à l'eau froide et égoutter.

3 Laver la mélisse, sécher et réserver quelques feuilles pour la garniture. Détailler les feuilles restantes en fines lanières. Mélanger la crème et le jus de citron, saler, poivrer et incorporer les lanières de mélisse dans le mélange.

4 Égoutter les langoustines et passer au gril 2 minutes de chaque côté. Dans un plat de service, mélanger les pâtes et la sauce, ajouter les langoustines et garnir de mélisse et d'une rondelle de citron.

POUR 4 PERSONNES

300 g (⅔ lb) de langoustines

2 gousses d'ail

60 ml (¼ t.) de jus d'orange

60 ml (¼ t.) d'huile d'olive

sel

350 g (¾ lb) de spaghettis verts

½ bouquet de mélisse

60 ml (¼ t.) de crème à 35 %

30 ml (2 c. à s.) de jus de citron

poivre

rondelles de citron non traité, en garniture

Préparation : 30 minutes + temps de macération

SALADE DE PÂTES ET SA SAUCE AUX CÈPES ET TOMATES

POUR 6-8 PERSONNES

50 g (2 oz) de cèpes séchés

350 ml (1⅓ t.) de vin blanc

1 à 2 oignons

5 gousses d'ail

150 ml (⅔ t.) d'huile d'olive

1 grosse boîte de 796 ml (28 oz) de tomates pelées

125 ml (½ t.) de jus de citron

sel

poivre

500 g (1 lb) de foies de volaille

350 g (¾ lb) de spaghettini

2 bouquets de basilic

3 bouquets de persil plat

125 ml (½ t.) de pecorino, râpé

**Préparation : 1 h 30
+ temps de repos
+ temps de macération**

1 Dans une sauteuse, mettre les cèpes et 150 ml (⅔ t.) de vin blanc, et cuire jusqu'à ce que le liquide soit presque évaporé. Laisser refroidir et hacher finement.

2 Peler les oignons et l'ail, et hacher. Dans une poêle, chauffer 45 ml (3 c. à soupe d'huile d'olive, ajouter l'ail et les oignons et faire revenir. Ajouter les cèpes, le vin restant, les tomates avec leur jus et le jus de citron. Couvrir et cuire 30 minutes à feu moyen, jusqu'à ce que les tomates se délitent. Laisser refroidir, incorporer 125 ml (½ t.) d'huile d'olive, saler et poivrer.

3 Parer les foies de volaille et couper en cubes de 1 cm (⅜ po). Dans une poêle, chauffer l'huile restante, ajouter les foies et cuire 2 minutes à feu vif. Incorporer à la préparation précédente. Mettre au réfrigérateur et laisser reposer 12 heures.

4 Cuire les spaghettini dans de l'eau bouillante salée jusqu'à ce qu'ils soient *al dente* et égoutter. Mélanger immédiatement à la sauce froide et rectifier l'assaisonnement. Laisser mariner dans un endroit frais avant de la servir.

5 Réserver quelques feuilles de basilic, ciseler les feuilles restantes et le persil, et incorporer à la salade. Garnir de basilic entier, parsemer de pecorino râpé et servir.

SALADE DE PÂTES À LA DINDE

1 Faire décongeler les petits pois. Cuire les farfalles dans de l'eau bouillante salée jusqu'à ce qu'elles soient *al dente*, rincer à l'eau froide et égoutter.

2 Détailler les blancs de dinde en fines lanières. Dans une poêle, chauffer 30 ml (2 c. à soupe) d'huile, ajouter la viande et faire revenir en remuant souvent jusqu'à ce qu'elle soit uniformément dorée. Saler, poivrer et laisser refroidir.

3 Inciser les tomates en croix, blanchir à l'eau bouillante et monder. Épépiner et couper en lanières.

4 Mélanger tous les ingrédients préparés. Mélanger la sauce salade, le yogourt, la crème, le ketchup, le sucre et le porto, saler et poivrer. Incorporer la sauce à la salade, bien mélanger et laisser mariner.

POUR 4 PERSONNES

450 ml (1¾ t.) de petits pois surgelés

250 g (½ lb) de farfalles

60 ml (¼ t.) d'huile

sel

poivre

1 pincée de sucre

300 g (⅔ lb) de blancs de dinde

4 tomates

45 ml (3 c. à s.) de sauce salade crémeuse prête à l'emploi

150 ml (⅔ t.) de yogourt

60 ml (¼ t.) de crème à 35 %

45 ml (3 c. à s.) de ketchup

30 ml (2 c. à s.) de porto

Préparation : 30 minutes + temps de macération

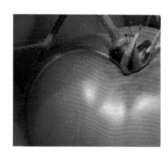

SALADE DE PÂTES AUX FRUITS DE MER

POUR 4 PERSONNES

500 g (1 lb) de conchiglie

sel

poivre

250 ml (1 t.) de mayonnaise

45 ml (3 c. à s.) d'estragon
finement haché

15 ml (1 c. à s.) de persil
plat finement haché

piment de Cayenne

5 ml (1 c. à thé) de zeste
de citron

4 radis

1 petit poivron rouge

1 kg (2,2 lb) de crustacés
(langoustine, homard,
crabe dans la quantité de
son choix), coupés en cubes
de la taille d'une bouchée

Préparation : 30 minutes

1 Cuire les conchiglie dans de l'eau bouillante salée jusqu'à ce qu'elles soient *al dente* et égoutter. Transférer dans un plat de service et incorporer 15 ml à 30 ml (1 à 2 à soupe) à soupe de mayonnaise. Laisser refroidir à température ambiante en remuant de temps en temps.

2 Incorporer l'estragon, le persil, le piment de Cayenne et le jus de citron à la mayonnaise restante.

3 Parer les radis, laver et couper en fines rondelles. Parer le poivron, laver et couper en julienne.

4 Ajouter les fruits de mer, les radis et le poivron aux pâtes, saler et poivrer. Incorporer la mayonnaise, couvrir et réserver au réfrigérateur avant de servir. Ajouter un peu de jus de citron ou de mayonnaise.

SALADE DE PÂTES AU SAUMON

POUR 4 PERSONNES

250 g (½ lb) de conchiglie

sel

175 ml (¾ t.) de petits pois
surgelés

15 ml (1 c. à s.) d'huile

2 œufs

200 g (½ lb) de saumon
fumé

150 ml (⅔ t.) de yogourt

150 ml (⅔ t.) de crème
à 35 %

5 ml (1 c. à thé) de zeste
de citron non traité

45 ml (3 c. à s.) de jus
de citron

poivre

1 pincée de sucre

½ bouquet d'aneth, haché

Préparation : 30 minutes

1 Cuire les conchiglie dans de l'eau bouillante salée jusqu'à ce qu'elles soient *al dente*. Ajouter les petits pois 2 minutes avant la fin de la cuisson des pâtes et égoutter le tout. Incorporer l'huile et laisser refroidir. Cuire les œufs 10 minutes et refroidir à l'eau courante. Écaler et couper en six. Couper le saumon fumé en lanières épaisses et rouler.

2 Mélanger le yogourt, la crème, le zeste, le jus de citron et le sucre, saler et poivrer. Mélanger la sauce, les pâtes aux petits pois, les œufs et le saumon, et laisser mariner. Parsemer d'aneth haché et servir.

SALADE DE SAUMON ET RIGATONIS

1 Faire griller les amandes effilées à sec et réserver.

2 Laver le brocoli et séparer en fleurettes. Peler les tiges et les couper en dés.

3 Dans une casserole, mettre le persil, le vin, 125 ml (½ t.) d'eau, 5 ml (1 c. à thé) de sel et les rondelles de citron, et porter à ébullition.

4 Laver le filet de saumon, ajouter dans la casserole et couvrir. Cuire 7 minutes à feu moyen.

5 Cuire les rigatonis dans de l'eau bouillante salée jusqu'à ce qu'ils soient *al dente*. Ajouter les tiges de brocoli après 4 minutes de cuisson et les fleurettes après 2 minutes. Rincer le tout à l'eau froide et égoutter.

6 Retirer le saumon du bouillon et couper en cubes. Passer le bouillon au chinois en réservant le liquide.

7 Dans une cocotte, chauffer le beurre jusqu'à ce qu'il mousse et prélever la mousse blanche à l'aide d'une écumoire. Ajouter le bouillon et le safran, et chauffer à feu vif jusqu'à ce que la sauce ait réduit d'un tiers et que le safran ait infusé. Retirer du feu et laisser refroidir.

8 Ajouter les pâtes et le brocoli dans la cocotte, mélanger jusqu'à ce que les pâtes soient bien jaunes et incorporer le saumon. Saler, poivrer et parsemer d'amandes effilées.

POUR 4 PERSONNES

30 ml (2 c. à s.) d'amandes effilées

500 ml (2 t.) de brocoli

3 tiges de persil

250 ml (1 t.) de vin blanc sec

sel

3 rondelles de citron non traité

300 g (⅔ lb) de filet de saumon

350 g (¾ lb) de rigatonis

90 ml (6 c. à s.) de beurre

1 ml (¼ c. à thé) de safran en poudre

poivre

Préparation : 35 minutes

243

SALADE DE TORTELLINIS

POUR 4 PERSONNES

250 g (½ lb) de tortellinis

sel

poivre

175 ml (¾ t.) de petits pois
surgelés

398 ml (14 oz) d'ananas
en boîte

398 ml (14 oz) de
champignons en boîte

341 ml (12 oz) de maïs
en boîte

½ poivron rouge

½ poivron vert

1 échalote

30 à 45 ml (2 à 3 c. à s.) de
vinaigre aux herbes

60 ml (¼ t.) d'huile
de tournesol

15 ml (1 c. à s.) de fines
herbes surgelées

poivron et persil,
en garniture

Préparation : 20 minutes

1 Cuire les tortellinis dans de l'eau bouillante salée jusqu'à ce qu'ils soient *al dente*, rincer à l'eau froide et égoutter. Cuire les petits pois surgelés selon les instructions figurant sur le paquet, rincer à l'eau froide et égoutter.

2 Couper l'ananas en dés et émincer les champignons. Rincer le maïs à l'eau froide et égoutter. Parer les poivrons, épépiner, prélever quelques lanières pour la garniture et couper les poivrons restant en dés. Peler l'échalote et couper en fines rondelles.

3 Mélanger les ingrédients préparés. Battre l'huile, le vinaigre et les herbes, saler, poivrer et arroser la salade. Bien mélanger et laisser mariner.

4 Transférer dans un plat de service, garnir de lanières de poivrons et de persil, et servir.

SALADE PRINTANIÈRE AUX PÂTES

POUR 4 PERSONNES

sel

250 g (½ lb) d'asperges

250 g (½ lb) de fusillis
aux épinards

1 botte de radis

1 bouquet de ciboulette

2 oignons verts

100 g (¼ lb) de blanc de
poulet fumé

15 ml (1 c. à s.) de jus
de citron

15 ml (1 c. à s.) de vinaigre
de vin blanc

30 ml (2 c. à s.) de crème
à 35 %

poivre

**Préparation : 30 minutes
+ temps de refroidissement**

1 Porter à ébullition 3 litres (12 t.) d'eau salée. Laver les asperges, retirer les parties dures et peler l'extrémité. Couper en tronçons de 2 cm (¾ po), ajouter dans l'eau salée et cuire 8 minutes. Retirer à l'aide d'une écumoire, rincer à l'eau froide et égoutter.

2 Cuire les fusillis dans l'eau de cuisson des asperges jusqu'à ce qu'ils soient *al dente*, rincer à l'eau froide et égoutter. Laisser refroidir.

3 Parer les radis, laver et couper en fines rondelles. Laver la ciboulette et couper en tronçons. Laver les oignons verts et détailler en fines rondelles. Émincer le blanc de poulet.

4 Dans un bol, mélanger le jus de citron, le vinaigre et la crème. Saler et poivrer. Mélanger tous les ingrédients de la salade, incorporer la sauce
et servir.

SALADE DE PÂTES VERTES

1 Cuire les gramigna dans de l'eau bouillante salée jusqu'à ce qu'elles soient *al dente* et égoutter.

2 Laver les pois mange-tout, ébouter et blanchir à l'eau bouillante. Rincer à l'eau froide et égoutter.

3 Parer le poivron, laver, épépiner et couper en dés. Nettoyer les oignons verts, laver et couper en fines rondelles. Laver les herbes, sécher et hacher menu.

4 Mélanger le yogourt et la crème et au raifort, saler et poivrer.

5 Mélanger les légumes et la sauce, incorporer les pâtes et servir tiède.

POUR 4 PERSONNES

250 g (½ lb) de gramigna
sel
100 g (¼ lb) de pois mange-tout
1 poivron rouge
1 botte d'oignons verts
½ bouquet d'aneth
½ bouquet de basilic
1 bouquet de persil plat
60 ml (¼ t.) de yogourt
60 ml (¼ t.) de crème
à 35 %
15 ml (1 c. à s.) de raifort
poivre

Préparation : 30 minutes

SALADE D'ASPERGES ET DE PÂTES

POUR 4 PERSONNES

250 g (½ lb) de tagliatelles

5 ml (1 c. à thé) d'huile

sel

200 g (½ lb) de blanc de poulet fumé

1 bocal d'asperges en morceaux

125 ml (½ t.) de sauce au yogourt

poivre

paprika

1 bouquet de mélisse

Préparation : 15 minutes

1 Casser les tagliatelles et cuire dans de l'eau bouillante, salée et huilée, jusqu'à ce qu'elles soient *al dente*. Rincer à l'eau froide et égoutter.

2 Couper le blanc de poulet en lanières. Égoutter les asperges en réservant le jus.

3 Incorporer un peu du jus des asperges à la sauce au yogourt, saler, poivrer et ajouter du paprika. Mettre les ingrédients de la salade dans un plat de service, incorporer la sauce et laisser mariner.

4 Laver la mélisse, effeuiller et garnir la salade.

INFO

En saison, il est possible d'utiliser des asperges fraîches pour cette recette. Il suffit de retirer les parties dures, de peler les extrémités et cuire dans de l'eau salée additionnée d'une pincée de sucre.

SALADE DE PÂTES COLORÉE

POUR 4 PERSONNES

350 g (¾ lb) de tagliatelles
sel et poivre
2 à 3 carottes
45 ml (3 c. à s.) de beurre
450 ml (1¾ t.) de petits pois
surgelés
90 ml (6 c. à s.) de bouillon
de légumes
15 à 30 ml (1 à 2 c. à s.)
de jus de citron
45 ml (3 c. à s.) de vinaigre
de fruit
60 ml (¼ t.) d'huile d'olive
½ bouquet de persil
200 g (½ lb) de gorgonzola

Préparation : 20 minutes

1 Cuire les tagliatelles dans de l'eau bouillante salée jusqu'à ce qu'elles soient *al dente*, rincer à l'eau froide et égoutter.

2 Laver les carottes, peler et couper en fines lanières dans la longueur puis en gros losanges de 2 cm (¾ po). Dans une grande poêle, chauffer le beurre, ajouter les carottes et cuire 3 minutes à feu moyen. Ajouter les petits pois, mouiller avec le bouillon de légumes et couvrir. Cuire 5 minutes, saler et poivrer, et incorporer le jus de citron.

3 Mélanger le vinaigre, du sel et du poivre, et incorporer l'huile d'olive. Laver le persil, hacher menu et incorporer à la sauce. Ajouter les pâtes et les légumes, et bien mélanger le tout.

4 Émietter le gorgonzola et parsemer la salade.

SALADE DE PÂTES FRAÎCHEUR

1 Cuire les spaghettis dans de l'eau bouillante salée jusqu'à ce qu'ils soient *al dente*, rincer à l'eau froide et égoutter. Laisser refroidir

2 Laver les tomates et couper en deux puis en quartiers. Laver le poivron, épépiner et couper en lanières. Détailler le fromage en bâtonnets.

3 Parer les branches de céleri, laver et couper en tronçons.

4 Mettre les pâtes, le fromage et les légumes dans un plat de service et mélanger. Laisser décongeler les herbes, ajouter l'huile et le vinaigre. Battre le tout, saler, poivrer et ajouter du paprika.

5 Verser la sauce sur les ingrédients de la salade, bien mélanger et laisser mariner 10 minutes. Répartir dans des assiettes et servir.

POUR 4 PERSONNES

250 g (½ lb) de spaghettis

sel

poivre

100 g (¼ lb) de tomates cerises

1 poivron jaune

150 g (⅓ lb) d'emmental

4 branches de céleri

30 ml (2 c. à s.) d'herbes italiennes

125 ml (½ t.) d'huile d'olive

60 ml (¼ t.) de vinaigre de cidre

paprika

Préparation : 35 minutes

CONSEIL

Pour un goût plus doux, le vinaigre de cidre sec peut être remplacé par un vinaigre balsamique.

253

INDEX DES RECETTES